나는 그리스도인입니다

I AM A CHRISTIAN

성도들과 함께 예수님을 따른다는 것

나는 그리스도인입니다

톰 레이너 지음

김애정 옮김

국제제자훈련원

처치 앤써스(Church Answers)의 놀라운 두 리더이자 친구,
에이미 조던과 자나 비세커를 위하여.

그리고 항상 아내 넬리 조에게 고마운 마음입니다.
어렸을 때 당신의 부드러운 권유로 교회에 가게 되었습니다.
아내의 변함없는 사랑이 나를 지탱해주고
나이 든 나를 여전히 강하게 합니다.

오늘 이 시대는 포스트모던의 방황 속으로 사람들을 내던지고 있습니다. 그 결과 우리는 아무것도 확실히 믿지 못하고 자기 정체성을 상실한 모호함의 광야를 건너가고 있습니다.

이런 불확실성의 광야에서 그리스도인이라는 정체성을 확인하는 일은 너무나 중요합니다. 그리고 이 광야의 안내자로서 톰 레이너는 정말 든든한 리더입니다.

이 책을 손에 잡는 순간 방황은 위대한 모험으로 바뀔 것입니다. 새 신자에게도, 오랜 신자로서 다시 일어서 길을 떠나야 할 이들에게도 더없이 명확한 믿음의 나침반이 될 이 책을 강추합니다.

이동원 목사 지구촌 목회리더십센터 대표

차
례

일러두기

1. 성경 본문은 한글 개역개정역(4판)을 사용하였으며, 다른 번역인 경우 별도로 표시했습니다.

나에게 가장 큰
안정감을 주는 진실

사람들이 처음 만나는 모임에서 흔히 시도하는 아이스브레이킹 icebreaking은 남이 모르는 자신에 대한 정보를 함께 나누며 서로 어색함을 덜어내는 자리이지요. 남편과 아내라면, 친구들이라면 알 만한 내용이 대부분이지만, 때로는 배우자조차도 처음 듣는 놀라운 내용도 공개됩니다.

한 번은 그런 자리에서 "저는 5대째 은행원입니다"라고 말한 적이 있습니다. 그 자리에 있던 몇몇 사람은 제가 은행원으로 직장 생활을 시작했다는 사실은 알았지만, 5대째 가문의 유산을 이어가고 있다는 사실은 처음 듣는다는 눈치였습니다. 저의 세 아들이 사역의 부름에 응답하기 전에는 '6대째' 은행원이었다는 사실을 안다면 더욱 놀라겠지만요.

그렇다면 오늘날 저는 누구일까요?

저는 넬리 조의 남편이자 샘, 아트, 제스의 아버지이며, 캐논, 윌, 하퍼, 콜린스, 나다니엘, 조슈아, 제임스, 매기, 브렌, 조엘, 도미닉의 할아버지이기도 합니다. (적어도 현재까지는 그렇습니다.) 저는 샘과 난의 아들이자 샘과 에이미의 동생입니다. (예, 저희 가족은 샘이라는 이름을 무척 좋아합니다.)

또한, 저는 누구일까요? 저는 인생에 헤아릴 수 없을 만큼 큰 축복을 안겨준 많은 사람의 친구입니다. 친구들은 좋을 때나 힘들 때나 제 곁에 있어 주었습니다. 저도 그들에게 그런 친구가 되었으면 좋겠습니다.

또한, 저는 누구인가요? 저는 처치 앤써스Church Answers 사역의 리더이기도 합니다. 저는 많은 책을 저술했습니다. 저는 신학교 학장이자 네 교회를 섬겼던 목사입니다. 간단히 말해서 저는 한 가정의 가장이자 친구, 스포츠 애호가, 작가 그리고 오랫동안 봉사 사역을 해온 사람입니다.

하지만 저는 '정말' 누구일까요?

당신이 지금 아이스브레이킹 게임을 하는 중인데 오직 한 단어로 자신을 소개해달라는 요청을 받았다면 뭐라고 하시겠습니까?

제가 언제나 대담하고 솔직한 건 아니지만, 오늘 그 질문을 받았다면 "저는 그리스도인입니다"라고 말할 것입니다.

이 말은 정확히 무슨 뜻일까요?

확실한 것은 내가 죄인임을 고백했다는 의미합니다. 나는 내 죄를 회개하고 예수 그리스도를 믿었습니다. 나는 그분이 십자가 죽음으로 나를 대신하여 죽으셨다고 믿습니다. 그는 제가 받아야 할 형벌을 받으셨습니다. 그분은 나의 희생제물이고 구세주이고 주님이며 나의 왕이십니다.

내가 그리스도인이라고 하는 것은 내 삶의 중심을 예수 그리스도의 인격에 두기로 선택했다는 뜻입니다. 그분은 나의 소망이며 구원입니다. 그분은 나의 현재입니다. 나의 영원입니다. 간단히 말해서, 그분은 나의 전부입니다. 비록 제가 살아가는 데 있어 완벽함과는 거리가 먼 것이 사실이지만, 제 소망은 항상 예수님을 공개적으로 선포하고 그분과 저를 동일시하는 것입니다.

또한 "나는 그리스도인입니다"라는 말은 그리스도 안에서 새로운 정체성, 즉 강력하고 새로운 정체성을 갖게 되었다는 뜻입니다. 이 두 단어로 된 간단한 문장은 짧으면서도, 그 함의는 광범위하고 생명을 살리며 삶을 변화시킵니다.

그리스도를 따르는 자답게

오늘날 문화에서는 잘못된 많은 신념 체계가 우리 마음과 정신을 차지하려고 경쟁합니다. 이러한 갈등은 혼란스럽고 때로는 압도적입니다. 우리는 역사상 어느 때보다도 지금 이 시절에 얼마나 긴

박한지 확실히 알아야 합니다. 수많은 세력이 우리 시간, 관심, 헌신을 빼앗으려 합니다. 정치, 스포츠, 레저, 소셜미디어, 오늘의 최신 이슈 등 다양한 분야에 참여할 기회는 무궁무진합니다. 이러한 기회가 모두 나쁜 것도 분명 아닙니다. 하지만 이러한 기회에 모두 동일한 수준으로 헌신한다면 그리스도를 따르는 사람으로서 진정한 삶의 목적을 잊게 될 수도 있습니다.

우리는 잃어버린 영혼을 구하고 세상을 더 나은 곳으로 변화시켜야 합니다. 문화 전체의 판이 한 방향에서 다른 방향으로 기울고 있는 이 중요한 순간에 우리는 "그리스도를 따르는 자"라는 정체성을 놓치지 말고 그에 따라 행동해야 합니다.

우선순위를 재점검하라는 부르심

귀국행 환승 비행기를 타기 2시간 전이었습니다. 저는 너무 피곤한 나머지 책을 읽거나 다른 일을 할 수 없을 정도로 분주한 상태에서 공항에 도착했습니다. 그래서 대신 게이트 근처 의자에 앉아 사람들을 관찰하고 있었습니다.

고개를 숙이고 스마트폰을 쳐다보며 걷는 사람이 너무 많아서 놀랐고, 스마트폰이 우리 문화를 얼마나 빠르게 변화시켰는지 실감했습니다. 그처럼 우리는 끝이 보이지 않는 '주의력 과부하 상태'에 놓여 있습니다.

최근에는 가족이 얼마나 바빠졌는지 많이 걱정하는 한 남성과 이야기를 나눴습니다. 그는 설명할 수 없는 이유로, 아내와 세 명의 어린 자녀를 1년 내내 스포츠 활동에 참여시켜야 한다는 강박감을 느낀다고 털어놓았습니다. 가족 휴가를 떠날 때마다 갖가지 분주한 활동으로 가득 차 있습니다. 아이들은 학교에서 열리는 수많은 행사에 참여하고, 갖가지 소셜미디어에 사로잡혀 있습니다.

"우리는 너무 바빠 자기 인생을 양껏 즐기지 못해요"라고 젊은 아버지는 한탄했습니다. "무슨무슨 활동이 우리를 지배합니다. 아내와 저는 성경 읽는 시간보다 소셜미디어 관리에 더 많은 시간을 보냅니다. 한심하죠."

이것은 단순히 주변을 정돈한다고 해결되는 문제가 아닙니다. 그리스도인이라는 정체성을 받아들인다는 것은 자신과 가족을 위해 우선순위를 바꾸어야 함을 의미합니다. 미묘하게 울리는 분주함이라는 사이렌 소리는 많은 가정에 상처를 주고 사람들의 삶에 직접적으로 해를 끼치고 있습니다.

세상은 오직 그리스도만이 제공할 수 있는 평화와 안식을 통한 회복을 절실히 찾고 있습니다. 예수님이 약속하신 풍성한 삶을 모범적으로 보여줄 기회가 우리에게 열려 있지만, 세상을 계속 그런 식으로 뒤쫓아 가기에만 바쁘다면 기회는 사라집니다. 그리스도 안에서 우리가 부여받은 정체성이 얼마나 중요한지 확인해야 합니다. "나는 그리스도인입니다"라고 하는 고백이 실제로 무슨 의미인지 파악해야 합니다.

"너희는 가만히 있어 내가 하나님 됨을 알지어다 내가 뭇 나라 중에서 높임을 받으리라 내가 세계 중에서 높임을 받으리라"(시 46:10).

이 말씀에 귀를 기울여보겠습니다. 천천히, 방해 요소를 제거하는 것입니다. 지금이 바로 그때입니다.

외톨이 기독교는 하나님의 뜻이 아니다

1969년과 1970년, 직장을 그만두고 할리데이비슨 오토바이를 타고 이 마을 저 마을을 떠돌아다니는 젊은 사업가의 이야기를 다룬 단막극 〈브론슨이 왔다〉Then Came Bronson는 단기간 방영된 텔레비전 시리즈였습니다. 주인공이 인생에 극적인 변화를 맞게 된 것은 친구의 자살 때문이었습니다. 이 시리즈는 인생에서 정말 중요한 것이 무엇인지를 돌아보도록 우리의 감정을 자극했습니다.

자유롭게 전국을 돌아다닐 수 있다면 어떤 느낌일까요? 당시 이런 외톨이의 삶은 많은 사람이 추구하는 이상향으로 여겨졌습니다. 이 프로그램은 환상적인 "좋은 삶"의 표본처럼 되었습니다.

그러나 그런 것은 우리를 위한 하나님의 계획이 아닙니다. 태초부터 하나님은 아담에게 "사람이 혼자 사는 것이 좋지 아니하니 내가 그를 위하여 돕는 배필을 지으리라"(창 2:18)라고 말씀하셨습니다. 구약성경 전체는 하나님께서 한 백성을 어떻게 자신에게로 부르셨는지에 관한 이야기입니다. 우리는 공동체 속에서 살도록 지음받았습니다.

이 주제는 신약성경에서도 계속됩니다. 사복음서에서 우리는 예수님이 사람들에게 둘러싸인 모습을 자주 볼 수 있습니다. 그분은 사람들을 하나님과 화해시키는 데 사역과 사명의 초점을 맞추고 있습니다.

"인자가 온 것은 잃어버린 자를 찾아 구원하려 함이니라"(눅 19:10).

사도행전은 그리스도의 승천과 그 후 오순절 날 베드로의 설교를 담고 있습니다. 그 설교 후에는 어떤 일이 일어났습니까? 성령의 역사로 하나님의 백성이 즉시 모이고 예루살렘에는 지역 교회가 세워집니다.

다시 한번 우리는 그리스도인이 함께 모여 일하고, 봉사하고, 다른 사람들을 사랑하는 것이 하나님의 계획임을 봅니다. 첫 사람 아담이 혼자 있는 것이 좋지 않았듯 그리스도인도 혼자 있는 것은 좋지 않습니다.

사도행전 2장부터 요한계시록 앞부분까지, 선교지에 있는 지역 교회 이야기를 읽습니다. 일치를 위해 노력하는 교회, 복음을 가르치는 교회, 지역사회에서 사람들을 섬기는 교회….

그렇습니다. 론 레인저 기독교(Lone Ranger Christianity, 론 레인저는 미국 서부극의 주인공으로 '외톨이'를 상징한다—편집자)는 성경적 기독교가 아닙니다. 하나님께서는 우리에게 그분의 사명을 수행하게 하려고 지역 교회를 주셨습니다. 그것이 그분의 계획입니다. 그것이 그분의 목적입니다.

그리스도인이 헌신적인 성도가 될 때 교회는 건강해집니다. 또한, 교회가 건강해지면 지역사회가 건강해집니다. 그리고 지역사회가 건강해지면 세상이 변화됩니다.

우리 시대의 긴급한 필요는 이렇듯 그리스도인들이 헌신적인 그리스도의 몸의 지체가 되는 것입니다. 물론 교회는 불완전하고 그리스도인인 우리도 불완전합니다. 성경은 이러한 현실을 인정합니다. 하지만 헌신적이고 이타적으로 섬기는 소수의 헌신적인 그리스도인을 통해 하나님께서는 놀랍고 기적적인 일을 행하십니다.

북미 교회가 쇠퇴하고 있는 것은 사실입니다. 하지만 이 슬픈 현실에서 우리는 어쩌면 더 큰 이야기를 놓치고 있는지도 모릅니다. 문제는 교회가 감소하는 것이 아니라 그리스도인의 헌신이 감소하는 것일 수도 있습니다. 어쩌면 이 이야기는 신앙의 쇠퇴에 관한 이야기일 수도 있습니다.

전 세계 다른 지역에서는 수백만 명의 그리스도인이 그리스도에 대한 헌신으로 모이고, 그것이 지역 교회에 대한 헌신으로 나타나고 있습니다. 그들은 봉사하고, 헌금하고, 전도할 준비가 된 사람들입니다. 어떤 이들은 생명의 위험을 무릅쓰고 모입니다. 그들은 그렇게 모인 교회가 얼마나 소중한 곳인지 잘 알고 있습니다. 그들은 막대한 대가를 치르더라도 계속 모여서 자기의 믿음을 드러낼 것입니다.

지역 교회는 하나님의 계획입니다. 우리도 그분의 계획에 속해 지역 교회를 통해 섬겨야 합니다. "나는 그리스도인입니다"와 "나는 그리스도의 몸의 지체입니다"는 서로 밀접하게 연관되어 있습니다.

예수님의 일곱 가지 "나는" 진술

이 책에서 선보일 일곱 장에서는 "나는 그리스도인입니다" 선언의 의미와 그 일부인 일곱 가지 "나는" 진술에 대해 다룰 것입니다. 그 여정을 시작하기 전에 예수께서 사용하신 일곱 가지 "나는"(I am) 표현을 간단히 살펴봅시다. 각 진술은 수 세기 전에 하나님께서 모세에게 자신을 드러내기 위해 사용하셨던 결정적인 진술인 "나는 스스로 있는 자이니라"(I Am Who I Am, 출 3:14)를 분명하게 반향합니다. 예수님도 같은 표현을 사용하여 자기 정체성을 주장하고 자신이 하나님임을 확인하셨습니다.

"나는 생명의 떡이다"

예수님을 둘러싼 군중이 광야에 있던 옛 이스라엘 백성에게 내린 만나와 같은 기적을 행하라고 그분에게 요청했을 때 주님은 "나는 생명의 떡이다"라고 답하셨습니다. "나는 생명의 떡이니 내게 오는 자는 결코 주리지 아니할 터이요 나를 믿는 자는 영원히 목마

르지 아니하리라"(요 6:35).

물론 예수님은 이때 육체적, 현세적 생계보다 더 큰 것을 말씀하신 것입니다. 예수님이 말씀하신 '떡'은 영원한 영적 자양분을 상징합니다. 그분을 생명의 떡으로 받아들이는 사람은 다시는 영적으로 결핍되지 않습니다.

"나는 세상의 빛이다"

예수님이 간음하다 잡힌 여인을 만나신 문맥에서 우리는 강력한 말씀을 발견합니다. "나는 세상의 빛이니 나를 따르는 자는 어둠에 다니지 아니하고 생명의 빛을 얻으리라"(요 8:12). 예수께서는 다시 한번 사람들에게 "나는 세상의 빛이다"라고 하셨습니다.

빛은 삼위일체의 세 위격인 아버지, 아들, 성령을 묘사할 때 흔히 사용되는 은유입니다. 예수님은 자신과 아버지 하나님이 하나라는 점을 강조하셨습니다. 아버지 하나님이 빛의 근원이듯 예수님도 빛 자체로 우리에게 빛을 전달합니다. 그분은 다른 누구도 나서지 못하는 어둠 속에서도 길을 비추십니다.

"나는 양을 위한 문이다"

예수께서는 양 치는 목자 비유를 자주 사용하셨습니다. 희생적으로 양을 돌보고 보호하는 사람으로 자신을 묘사하십니다. 그는 항상 자신보다 양을 먼저 생각했습니다. 예수님은 요한복음 10장 7절에서 군중에게 "내가 진실로 진실로 너희에게 말하노니 나는 양의 문이라"라고 말씀하셨습니다.

　이 구절에는 두 가지 강력한 의미가 있습니다. 첫째, 문(예수님)을 통해 하나님께 나아가는 사람은 그분의 양이 되고, 그들은 구원받습니다. 둘째, 예수님은 목자로서 양들이 쉬고 있는 우리의 문을 지키고 계십니다. 아무도 그들에게 몰래 접근해 빼앗아 갈 수 없습니다. 그들은 안전합니다.

"나는 선한 목자다"

　선한 목자는 희생적으로 양을 보호합니다. "삯꾼은 목자가 아니요 양도 제 양이 아니라 이리가 오는 것을 보면 양을 버리고 달아나나니 이리가 양을 물어 가고 또 해치느니라"(요 10:12). 하지만 선한 목자는 더 많은 일을 합니다. "나는 선한 목자라 선한 목자는 양들을 위하여 목숨을 버리거니와"(요 10:11).

　예수님이 십자가에 달리시기 전에는 말씀의 진정한 의미를 이해하는 사람이 거의 없었지만, 십자가 처형을 목격한 사람들은 선한 목자가 양들을 위해 자기 목숨을 희생하는 모습을 보았습니다. 우리를 향한 그분의 헤아릴 수 없는 사랑은 완전한 희생입니다.

"나는 부활이요 생명이다"

　예수님은 죽음을 정복하셨습니다. 부활이 없었다면 우리에게는 아무런 희망이 없었을 것입니다. 예수님은 친구 마르다에게 "나는 부활이요 생명이니 나를 믿는 자는 죽어도 살겠고"(요 11:25)라고 하셨습니다.

예수님은 마르다에게 이 진리를 강조하셨습니다. "무릇 살아서 나를 믿는 자는 영원히 죽지 아니하리니 이것을 네가 믿느냐 이르되 주여 그러하외다 주는 그리스도시요 세상에 오시는 하나님의 아들이신 줄 내가 믿나이다"(요 11:26-27).

여러분은 어떠신가요? 믿으시나요?

"나는 길이요 진리요 생명이다"

구원의 길은 단 하나뿐입니다. 요한복음 14장 6절에 나오는 예수님의 말씀을 보세요. "내가 곧 길이요 진리요 생명이니 나로 말미암지 않고는 아버지께로 올 자가 없느니라."

우리는 이 진리를 배타성 교리doctrine of exclusivity라고 부릅니다. 이는 단순히 예수님을 믿는 믿음 외에는 구원에 이르는 다른 길이 없음을 의미합니다. 예수님은 이 점에 대해 더없이 분명하게 말씀하셨습니다.

"나는 참 포도나무이다"

그리스도를 따르는 사람들은 믿음으로 말미암아 은혜로 구원을 받습니다(엡 2:8-9). 그리고 그리스도를 믿는 사람은 선한 열매를 맺습니다(엡 2:10). 선행이 우리를 구원하는 것은 아니지만, 우리가 진정으로 그리스도를 믿는다면 하나님께서 우리를 부르신 그 일을 할 것입니다.

예수님은 요한복음 15장 1-2절에서 포도나무와 정원사 비유를 사용해 이 진리를 설명하셨습니다. "나는 참포도나무요 내 아버지는 농부라 무릇 내게 붙어 있어 열매를 맺지 아니하는 가지는 아버지께서 그것을 제거해 버리시고 무릇 열매를 맺는 가지는 더 열매를 맺게 하려 하여 그것을 깨끗하게 하시느니라."

예수님의 일곱 가지 "나는" 선언은 간결하지만 강력합니다. 이 진술은 예수님이 누구이며 그분의 삶과 죽음, 부활이 무엇을 의미하는지 분명하게 보여줍니다. 이 책의 나머지 부분에서는, 일곱 가지 "나는" 핵심 진술에 주목할 것입니다. 예수님을 따르는 모든 사람은 "나는 그리스도인입니다"라는 고백이 무엇을 의미하는지 완전히 자기 것으로 이해해야 합니다.

> **토론 질문**
>
> 1 안타깝게도 우리에게는 '그리스도인'보다 더 높은 가치를 부여하는 정체성이 있습니다. 그런 정체성에는 어떤 것이 있을까요?
>
> 2 요한복음 14장 6절을 다시 읽어보세요. 예수님이 배타적으로 보이는 말씀을 하신 까닭은 무엇일까요?
>
> 3 그리스도인이 지역 교회에 온전히 사심 없이 헌신하는 것이 왜 그렇게 중요한가요? 성경은 "외톨이 기독교"에 대해 무엇이라고 말합니까?

CHAPTER 1
나는 신자입니다

어머니는 유머 감각이 뛰어나셨지만, 때와 장소를 가리면서 유머를 표현하는 감각은 살짝 부족했습니다. 사실 어머니의 유머는 어색한 순간에 가장 빛을 발했습니다.

아버지가 돌아가신 후 저는 어머니가 가능한 한 자주 저희를 방문하도록 애썼습니다. 어머니 댁에서 우리 집까지는 거리가 멀었기 때문에 제가 비행기를 타고 어머니 동네로 갔다가 함께 돌아오곤 했죠. 처음 비행기를 탔을 때 어머니는 꽤 오랫동안 비행기를 타본 적이 없던 상황이었습니다. 엄마가 마지막으로 비행기를 타셨을 때는 종이 티켓을 들고 오르던 시절이었으니까요. 분명히 시대는 바뀌었습니다.

저는 엄마에게 보안 검색대를 통과하려면 신분증을 제시해야 한다고 미리 알려드렸어요. 하지만 어머니는 그게 어리석은 일이라고 생각했습니다. 엄마의 신분증 제시 거부로 여행이 무산될 위기에 처했지만, 손주들이 자신을 기다린다는 것을 알고 있었고, 그 아이들을 위해서라면 무엇이든 희생할 수 있었습니다.

하지만 그녀는 당황한 매표원에게 신분증을 요구하는 불합리함을 지적해야 한다고 느꼈던 것 같습니다. 그 순간은 제 기억 속에 선명하게 남아 있습니다.

"신분증이 필요한 이유는 무엇인가요?"

"당신이 당신인지 확인해야 하거든요, 부인."

"그건 말도 안 돼요. 제가 누구라고 생각하세요?"

"신분증을 보기 전까지는 누구신지 모르겠습니다."

"글쎄요, 그냥 제 소개를 할 수도 있을 텐데요."

매표원은 한숨을 쉬며 엄마의 운전면허증을 돌려주었습니다. 안타깝게도 엄마는 그 사람을 그냥 놔두지 않았습니다.

"사진 속 저 사람은 진짜 제가 아니에요."

이 시점에서 상대방이 인내심을 잃고 있다는 것을 알 수 있었습니다. 저는 정말 어머니 사진이 맞다고 얼른 말씀드렸습니다. 하지만 어머니는 기어코 마지막 말을 해야 했습니다.

"그건 제가 아니에요. 내가 누군지 알아요."

저는 부드럽게 그녀의 팔꿈치 밑에 손을 넣고 보안 검색대 쪽으로 안내했습니다. 그 와중에도 그녀는 "내가 누군지 알아요"라고 계속 주장했습니다.

우리에게는 그리스도인으로서 정체성이 있습니다. 우리는 때때로 자신을 신자believers라고 부릅니다. 그리고 다른 그리스도인과 공통적으로 가진 것을 우리는 믿음belief이라고 부릅니다. "나는 그리스도인입니다"라고 할 때는 우리가 몇 가지 공통된 진리를 고수하고 있다는 뜻입니다. 잠시 시간을 내어 이러한 기본 믿음 중 몇 가지를 살펴보겠습니다.

그리스도인의 공통된 믿음

리더십 컨퍼런스에는 실습 교육이 포함되어야 했으므로 참석 인원을 50명으로 제한했습니다. 그래서 이렇게 다양한 교단이 모일 줄은 몰랐습니다. 침례교, 장로교, 감리교, 웨슬리안, 하나님의성회, 나사렛 등 다양한 교파가 참석했습니다. 일부 그룹에는 두 개 이상의 교단이 소속되어 있었습니다. 또한, 21명의 참석자는 스스로 무종교인이라고 밝혔습니다.

신학적 스펙트럼이 워낙 다양했으므로 실제 사역상의 어려움을 살펴보기 전에 우리가 교리적으로 모두 같은 생각을 가질 수 있을지부터가 궁금했습니다. 2차, 3차 이슈에 대해서는 다소 이견이 있었지만, 기독교 신앙의 주요 이슈에 대해서는 다소 열렬한 동의를 얻게 되어 놀랍고 기뻤습니다.

성경의 진실성을 믿지 않으면 나머지 믿음을 확증하기 어렵습니다. 결국, 우리는 성경에서 창조, 타락, 하나님의 본질, 성령의 역사, 그리스도의 인격, 그리스도의 십자가 죽음, 부활, 재림의 실재에 대해 배웁니다. 하나님께서는 예수 그리스도를 통해 자신을 계시하셨습니다.

"말씀이 육신이 되어…"(요 1:14). 그리고 하나님은 우리가 성경이라고 부르는 하나님 말씀을 통해 자신을 계시하셨습니다.

성경은 스스로 하나님의 계시된 말씀으로 자신을 확증합니다. 사도 바울이 디모데에게 쓴 것처럼, "모든 성경은 하나님의 감동으로 된 것으로 교훈과 책망과 바르게 함과 의로 교육하기에 유익하니 이는 하나님의 사람으로 온전하게 하며 모든 선한 일을 행할 능력을 갖추게"(딤후 3:16-17) 합니다.

신약성경 원어에서 '감동으로 된', 이 단어는 "숨을 불어넣다"라는 뜻입니다. 실제로 많은 영어 성경 번역본에서 이 단어는 "하나님이 숨을 불어넣으셨다"God-breathed라고 번역되어 있습니다. 성경은 바로 하나님의 숨결입니다.

성경에서 어떤 부분의 진리를 의심하기 시작하면 다른 부분도 참되다는 확신이 약해집니다. 성경에서 무엇이 참이고 무엇이 아닌지 스스로 결정해야 한다면, 우리는 본질적으로 자신의 변덕과 욕망에 맞게 교리와 신념을 형성하고 바꾸려 할 것입니다.

성경은 하나님이 주신 것이자 하나님의 영감을 받은 것이기 때문에 우리를 구원으로 인도할 수 있고, 그리스도인으로서 어떻게 살아야 하는지 가르치려는 하나님의 목적을 달성할 것입니다. 히브리서 기자는 성경의 힘을 다음과 같이 강력하게 표현합니다.

"하나님의 말씀은 살아 있고 활력이 있어 좌우에 날선 어떤 검보다도 예리하여 혼과 영과 및 관절과 골수를 찔러 쪼개기까지 하며 또 마음의 생각과 뜻을 판단하나니"(히 4:12).

성경이 모두 참되다는 것을 긍정할 때, 우리는 하나님께서 우리 믿음을 형성하도록 내어드릴 수 있습니다. 모든 성경의 진리를 받아들이는 것이 바로 우리의 영적 기초입니다.

세 위격 안에 계신 한 분 하나님

신은 오직 한 분뿐입니다. 그분은 만물의 창조주이십니다. 그분은 모든 것을 다스리는 주권자이십니다. 그분은 전능하시고(모든 일을 다 행하는), 전지하시며(모든 것을 아는), 공간과 시간의 제약을 받지 않으시는(편재하는) 분입니다. 이 한 분 하나님은 우리에게 아버지, 아들, 성령, 세 위격으로 자신을 드러내십니다. 솔직히 삼위일체 문제는 이해하기 어려운 교리 중 하나입니다. 하지만 (제가 강조하는 바입니다만) 예수님이 죽은 자 가운데서 부활하셨다는 것을 믿는다면 세부적인 내용을 완전히 이해하지는 못하더라도 삼위일체 하나님을 믿을 수 있습니다.

하나님 아버지는 우주를 다스리는 최고 통치자입니다. 그분은 모든 것을 사랑하시고, 모든 것에 지혜로우시며, 완전히 공의로우십니다. 그분은 믿음으로 아들 예수 그리스도를 받아들이는 사람들에게 아버지가 되십니다. 이 진리는 제게 가장 큰 안정감을 주는 진실 중 하나입니다.

하나님은 나를 그의 자녀로 사랑하십니다. 예수 그리스도는 영원한 하나님의 아들입니다. 성령으로 잉태되어 동정녀 마리아에게서 태어난 그분은 우리 가운데 살기 위해 육신을 입고 오셨습니다.

예수님은 이 땅에서 죄 없는 삶을 사셨습니다. 그분은 우리 죄를 위해 기꺼이 십자가에서 자기 생명을 희생하셨습니다. 우리를 대신하여 우리가 받아야 할 형벌을 받으셨습니다. 그분은 아리마대 요셉에게서 빌린 무덤에 사흘 동안 묻혔다가 부활하셨습니다. 그분의 죽음과 부활을 통해 그분을 믿는 모든 사람은 그분의 면전에서 영생을 얻게 될 것입니다.

예수님은 지상에서의 마지막 행적에서 제자들에게 자신의 증인이 되라고 말씀하셨습니다. 그 후 하늘로 승천하여 지금은 아버지 하나님 우편에서 통치하고 계십니다(막 16:19, 행 1:9-11, 엡 1:20-21, 히 10:12-13 참조). 언젠가 그분은 세상을 심판하고 그의 왕국을 세우기 위해 다시 오실 것입니다.

성령은 삼위일체의 세 번째 위격입니다. 그분은 성경을 이루는 단어들을 기록하도록 오래전에 성경 필자들에게 영감을 주셨습니다. 성령은 신자들이 진리를 이해할 수 있게 해줍니다. 그리스도를 높입니다. 사람들에게 죄를 깨닫게 하십니다. 사람들이 예수 그리스도를 주님과 구세주로 영접하도록 부르십니다.

인류, 타락 그리고 회복

남자와 여자는 하나님의 형상대로 창조되었습니다. 하지만 아담과 이브의 죄는 그 형상을 손상시켰고, 하나님과 인류 사이를 영원히 분리시켰습니다. 모든 사람은 죄 가운데 태어나며 용서가 필요합니다. 하나님은 자기 죄를 고백하고 회개하며 십자가에서 우리 죄를 대신해 형벌을 받으신 예수 그리스도를 통해 하나님의 자비와 용서를 구하는 모든 사람에게 구속과 회복을 베푸십니다.

그리스도의 부활

"그분은 살아계신다!" 이 고백은 우리 믿음의 기초를 견고하게 합니다. 우리는 살아계신 하나님을 섬깁니다. 실제로 사도 바울은 부활이 없다면 기독교 신앙은 헛된 것이라고 선언했습니다. "만일 죽은 자가 다시 살아나는 일이 없으면 그리스도도 다시 살아나신 일이 없었을 터이요 그리스도께서 다시 살아나신 일이 없으면 너희의 믿음도 헛되고 너희가 여전히 죄 가운데 있을 것이요"(고전 15:16-17). 맞습니다. 부활은 기독교 신앙에 필수적입니다.

바울은 말을 아끼지 않습니다. 그것이 없으면 우리의 믿음은 쓸모가 없다고 할 정도입니다. 하지만 더 있습니다. 부활은 그리스도께서 살아계시고 그리스도인인 우리도 그분과 함께 영원히 살게 되리라는 확신을 줍니다. "그러나 각각 자기 차례대로 되리니 먼저는 첫 열매인 그리스도요 다음에는 그가 강림하실 때에 그리스도에게 속한 자요"(고전 15:23). 그분이 살아계시기 때문에 우리도 살아 있습니다. 이것이 부활의 약속입니다.

선물로 주어지는 구원

최근에 한 유명인이 천국이 실제로 존재한다면 자신은 반드시 천국에 들어갈 것이라고 했다는 뉴스 기사를 읽었습니다. 결국, 그는 자기 인생에서 좋은 일을 많이 했기 때문에 하나님이 그를 들여보내야 한다는 것입니다. 그러나 성경은 선행에 근거한 구원을 가르치지 않습니다. 그와는 반대로 우리가 자기 행위에 의존하여 구원을 얻으려 한다면 우리는 많은 어려움에 처합니다!

요한복음 3장 16절은 성경에서 가장 많이 인용되는 구절입니다. "하나님이 세상을 이처럼 사랑하사 독생자를 주셨으니 이는 그를 믿는 자마다 멸망하지 않고 영생을 얻게 하려 하심이라."

하나님은 우리를 자기 형상대로 창조하셨고, 그분의 피조물인 우리를 사랑하십니다. 하지만 우리는 죄로 인해 그 완벽한 형상을 망가뜨렸습니다. 하나님은 거룩하고 완전한 분이시며 우리가 완전해질 수 있는 길을 만드셨습니다. 우리가 구원받은 것은 그분의 사역을 통해서이지 우리 스스로 기울인 노력 덕분이 아닙니다. 하나님께서는 우리가 죄에 대한 형벌을 받는 대신 독생자 예수님을 보내셔서 우리를 대신해 죽게 하셨습니다. 하나님은 우리가 멸망하는 것을 바라지 않으십니다. 그분은 우리가 영생을 얻을 수 있는 길을 만드셨습니다.

결국, 인간은 그분께 반역했습니다. 우리는 그분의 구원을 받을 자격이 없습니다. 요한복음 3장 16절의 첫 구절 "하나님이 세상을 이처럼 사랑하사"를 다시 한번 볼까요? 하나님의 동기는 단순하고 순수한, 완전하고 무조건적인 사랑이었습니다.

하나님은 왜 이런 방법을 사용하셨을까요? 그분의 동기는 무엇이었을까요? 하나님께서는 우리에게 영생을 공짜로, 선물로 주신 것입니다. 우리는 그것을 믿음으로 받아야 합니다. "너희는 그 은혜에 의하여 믿음으로 말미암아 구원을 받았으니 이것은 너희에게서 난 것이 아니요 하나님의 선물이라 행위에서 난 것이 아니니 이는 누구든지 자랑하지 못하게 함이라"(엡 2:8-9).

당신이 "나는 신자입니다"라고 선언할 때, 이번 장에서 우리가 다룬 진실을 확정하는 것입니다. 여기서 당신은 단순히 무언가를 믿는 것이 아니라 누군가를 믿는 것입니다. 당신은 자기 죄를 고백하고 회개했습니다. 그리스도께서 십자가에서 자신을 대신해 형벌을 받으셨다는 사실을 받아들였습니다. 그리고 믿음으로 구원이라는 선물을 받았습니다.

행함이 있는 믿음 실천하기

바울은 고린도교회에 보낸 첫 번째 편지를 마무리하면서 다섯 가지 당부를 전했습니다. "깨어 믿음에 굳게 서서 남자답게 강건하라 너희 모든 일을 사랑으로 행하라"(고전 16:13-14). 처음 두 가지는

"나는 신자입니다"라는 확언과 밀접하게 연관되어 있습니다.

바울이 우리에게 "깨어 있으라"고 권면하는 것은 교회에 들어오는 오류와 이단에 대해 경고하는 것입니다. 하나님께서 우리에게 주신 진리를 지키는 수호자가 되기를 기대합니다.

다음으로, "믿음에 굳게 서라"는 말은 믿음에서 벗어나지 말라는 권고입니다. 지금도 우리는 신자입니다. 그러나 우리는 우리가 믿는 것에 굳게 서야 합니다. 단순한 정신적 동의를 넘어 믿음을 실천으로 옮기려면 어떻게 해야 할까요?

성경에 그 답이 분명하게 나와 있습니다. 우리가 믿음에 굳건히 설 수 있는 여러 방법 중에는 다른 사람과 교제하고, 성경을 읽고, 기도에 우선순위를 두고, 우리가 믿는 바를 나누라는 네 가지 필수 사항이 포함됩니다.

이러한 행위가 우리를 구원하는 것은 아니지만 우리의 구원은 반드시 행함으로 이어져야 합니다. 야고보는 "내 형제들아 만일 사람이 믿음이 있노라 하고 행함이 없으면 무슨 유익이 있으리요 그 믿음이 능히 자기를 구원하겠느냐"(2:14) 또한 "행함이 없는 믿음은 그 자체가 죽은 것이라"(2:17)라고 강조합니다.

공동체와 함께 부름받다

신약성경 전체는 신자 공동체라는 맥락에서 쓰였습니다. 오순절 날 예루살렘에서 최초의 교회가 탄생한 이래(사도행전 2장), 자기 백성을 향한 그분의 계획은 우리가 다른 사람과 함께 공동체 속에서 신앙을 실천하는 것이었습니다. 기독교 신자들은 결코 고독하게 살도록 부름받지 않았습니다. 신약성경 대부분은 교회나 교회 지도자를 위해 쓰였습니다.

공동체는 서로 격려합니다. 책임감을 갖게 합니다. 힘을 실어 줍니다. 희망을 북돋습니다.

우리가 믿음에 굳건히 서고 신앙이 성장하길 원한다면 다른 신자들과 함께, 특히 지역 교회에 참여해서 그렇게 해야 합니다. 다음 장에서 이 문제를 더 자세히 살펴보겠습니다.

성경을 읽으며 준비된 사람으로

우리는 성경이 하나님 말씀이며 성경을 읽을 때 하나님 음성을 듣는다고 믿습니다. 앞서 성경이 하나님의 영감으로 기록되었다고 선언하는 디모데후서 3장 16절을 살펴봤습니다. 이 구절을 전체 맥락에서 다시 한번 살펴봅시다. "모든 성경은 하나님의 감동으로 된 것으로 교훈과 책망과 바르게 함과 의로 교육하기에 유익하니 이는 하나님의 사람으로 온전하게 하며 모든 선한 일을 행할 능력을 갖추게 하려 함이라"(딤후 3:16-17).

성경은 우리에게 옳은 것을 행하고 그른 것을 피하도록 가르칩니다. 그러나 그보다 더 중요한 것은 성경을 읽음으로써 하나님이 우리를 위해 계획하신 일을 할 수 있도록 준비시킨다는 것입니다(엡 2:10 참조). 매일 성경을 읽으세요. 믿음에 굳게 서는 데 도움이 됩니다(엡 6:10-17).

기도 먼저, 감사로 깨어 있기

기도는 기독교 신앙에서 가장 많이 언급되지만 가장 적게 실천되는 영적 훈련일 것입니다. 기도 훈련에 대해서는 6장에서 더 자세히 살펴보겠습니다.

먼저 기도는 신앙을 굳건히 유지하는 데 매우 중요한 훈련임을 이해해야 합니다.

성경을 읽을 때 우리는 하나님 말씀을 직접 듣습니다. 그리고 기도할 때 우리는 하나님과 대화합니다. 기도는 단순한 훈련이 아니라 최고의 영예입니다. 우리는 창조주이시며 만왕의 왕이신 하나님 면전으로 들어갑니다.

성경에는 기도에 관한 수백 개의 구절이 있습니다. 예를 들어 바울은 "기도를 계속하고devote 기도에 감사함으로 깨어 있으라"(골 4:2)라고 간결하게 말합니다. 헌신devote이라는 단어는 무언가에 몰두한다는 의미를 담고 있습니다. 기도는 모든 신자에게 불타는 열망이어야 합니다. 기도는 강력합니다. 효과적입니다. 기도는 우리가 믿는 것에서 더 깊이 성장하도록 이끕니다.

나눌 때 더 강해지는 믿음

제 아내 넬리 조는 훌륭한 격려자입니다. 저는 아내가 용기를 잃은 사람들의 기운을 북돋는 것을 여러 번 지켜보았습니다. 아내는 친구든 낯선 사람이든 누구에게나 긍정적인 말을 건넵니다.

몇 년 전, 그녀는 권면과 격려의 은사를 사용하여 복음 전하는 사람이 될 수 있음을 알았습니다. 간단히 말해서, 누군가에게 줄수 있는 가장 큰 격려가 예수님이라는 것을 깨달았습니다. 그런 후에는 복음 증거하는 데 있어 전혀 부끄러워하지 않습니다. 상처받은 사람들을 위해 공개적으로 기도하기도 합니다. 그녀는 기독교신앙에 대해 궁금해하는 지인들과 오랜 시간 대화를 나눴습니다. 아내는 단순히 믿는 것에 그치지 않고 자신이 믿는 바를 나누며 자기 믿음을 복음적 행동과 연결합니다.

5장에서 이에 관해 더 자세히 설명하겠습니다. 단순히 믿는 것만으로는 충분하지 않습니다. 우리는 믿음을 다른 사람과 나누고 싶은 충동을 느낄 정도로 확신해야 합니다.

베드로와 요한이 감옥에 갇혀 장기 투옥이나 사형을 당할 수도 있었을 때였습니다. 그들은 더 이상의 처벌 없이 풀려날 기회가 있었습니다. 조건은 딱 하나였습니다. 더 이상 예수의 이름으로 말하지 말라는 것이었습니다.

하지만 그들의 반응은 신속하고 단호하며 강력했습니다. "베드로와 요한이 대답하여 이르되 하나님 앞에서 너희의 말을 듣는 것이 하나님의 말씀을 듣는 것보다 옳은가 판단하라 우리는 보고 들은 것을 말하지 아니할 수 없다"(행 4:19-20).

신자라면 다른 사람들과 믿음을 나눌 때 더 강해집니다. 이 책의 시작 부분을 통해 그리스도인으로서 다른 신자와 더불어 살아가야 한다는 호소와 명령을 받았다는 사실을 분명히 알 수 있었기를 바랍니다.

우리는 신자이지만 외톨이가 아니라, 교회라고 불리는 다른 그리스도인과 함께하는 신자입니다.

이것이 다음 장의 주제입니다.

토론 질문

1 '믿는 자'가 된다는 것에 대해 누군가에게 설명한다고 해보세요. 뭐라고 말하겠습니까?

2 야고보는 "영혼 없는 몸이 죽은 것같이 행함이 없는 믿음은 죽은 것"(약 2:26)이라고 말합니다. 이 말씀은 어떤 의미일까요? 여러분이 믿는 것과는 어떤 관련이 있나요?

3 성경을 읽는 것이 왜 중요한지 누가 묻는다면 어떻게 답하겠습니까?

CHAPTER 2
나는 그리스도의 몸의 지체입니다

여러분은 태어난 날을 기억하시나요? 당연히 모르시겠죠. 바보 같은 질문입니다.

하지만 여러분은 가족 안에서 태어났다는 것은 알고 있습니다. 가족이 건강했든 건강하지 않았든, 결손이 있었든 환상적이었든 간에 여러분은 그 안에서 태어났습니다. 즉, 고립된 채로 나 홀로 여기 있게 된 것이 아닙니다.

우리는 어머니 자궁을 떠나 세상에 태어나는 순간을 설명할 때 '출생'born이라는 단어를 사용합니다. 육체적 탄생이 우리를 자궁의 어둠에서 빛으로 인도하는 것처럼, 영적 탄생은 우리를 죄의 어둠에서 그리스도의 빛으로 인도합니다. 우리가 예수님을 주님과 구세주로 영접할 때 일어나는 영적 탄생을 설명하기 위해 예수님은 "거듭남"born again이라는 표현을 사용하십니다. 요한복음 3장 3절을 보세요. "진실로 진실로 네게 이르노니 사람이 거듭나지 아니하면 하나님의 나라를 볼 수 없느니라."

이전 장에서 우리는 신자 되는 것이 얼마나 아름다운 일인지 살펴보았습니다. 그리스도를 구세주로 영접했을 때 우리는 하나님의 자녀가 되었습니다.

하지만 더 있습니다. 우리가 그리스도인이 되었을 때, 거듭났을 때 우리는 위대한 신자 가족의 일원이 되었습니다. 우리는 같은 가족이므로 다른 그리스도인을 그리스도 안에서 형제자매라고 부릅니다.

보편 교회와 지역 교회

거듭날 때 우리는 모든 시대를 초월하여 모든 신자를 포함하는 보편 교회의 일원이 됩니다. 그러나 보편 교회와의 연결은 지역 회중을 통해 이루어져야 합니다. 우리는 고립된 상태로 거듭나는 것이 아닙니다.

실제로 신약성경은 대부분 지역 교회에 대해, 지역 교회를 위해, 지역 교회에 쓰였습니다. 사도행전을 보면 예루살렘, 안디옥, 구브로(키프로스), 비시디아 안디옥, 이고니온, 루스드라, 밤빌리아, 마케도니아, 두아디라, 데살로니가, 베뢰아, 아테네, 고린도, 가이

나는 그리스도인입니다

사랴, 에베소, 드로아, 로마, 멜리데(몰타) 등의 교회에서 성령께서 일하신 것을 엿볼 수 있습니다.

사도 바울은 특정 지역 교회에 편지를 썼습니다. 또는 지역 교회 지도자들에게 보냈습니다. 이 편지들은 신약성경의 4분의 1 이상을 차지합니다. 로마서, 고린도전서 1-2장, 갈라디아서, 에베소서, 빌립보서, 골로새서, 데살로니가전서 1-2장, 디모데전서 1-2장, 디도서, 빌레몬서 등입니다. 성경의 마지막 책 요한계시록에는 아시아에 있는 일곱 교회의 영적 상태가 기록되어 있습니다.

이해되시나요? 지역 교회는 이처럼 중요합니다. 지역 교회의 교제 밖에서 그리스도인이 되는 것은 성경적인 선택이 아닙니다.

그리스도 안에서 교회를 통해
성장하는 여정

다음 문장을 주의 깊게 읽어볼까요. "신약성경에는 지역 교회 밖에서 우리를 그리스도인으로 성장시키기 위한 계획이 없습니다." 사도행전 2장부터 요한계시록 3장까지, 신약성경은 모두 지역 교회에 관한 이야기로 되어 있습니다. 하나님께서 지역 교회가 기독교 사역의 중심이 되길 원하신다는 것은 의심의 여지가 없습니다.

그리스도인의 삶은 영적 성장의 여정이지만, 혼자서 하는 여정이 아닙니다. 다른 신자들과 함께하는 여정입니다. 물론 기도와 성

2장. 나는 그리스도의 몸의 지체입니다

경 읽기 같은 몇 가지 영적 훈련은 홀로 수행하기도 합니다. 그러나 신약성경 전체에 걸쳐 상호 섬김, 성장, 헌금, 책임을 위해 지역 교회에서 지속적이고 정기적으로 모일 것을 가정합니다.

그리스도인의 삶은 공동체 여정이므로 "비활동적inactive 교인"이란 존재하지 않습니다. 우리는 멈춰 선 채로, 다른 사람들이 계속 나아가도록 하는 길은 찾을 수 없습니다.

그리스도 안에서 성장한다는 것은 본질적으로 교회 회원으로서 우리 헌신의 수준이 성장한다는 의미입니다. 우리는 그리스도의 몸의 일부입니다. 머리이신 예수님과 연결되는 일과 그분의 나머지 몸인 교회와 연결되는 일을 분리해 생각할 수 없습니다. 우리가 그리스도께 온전히 헌신한다면, 지역 교회에도 온전히 헌신할 것입니다. 지역 교회에 대한 우리의 헌신이 약해지기 시작하는 순간, 그리스도 안에서 우리의 성장도 약해집니다.

지역 교회에 대한 두 가지 잘못된 인식

사람들이 지역 교회에 출석할 때 안타깝게도 언제나 바른 관점을 갖고 오는 것은 아닙니다. 일부 교인들은 교회가 마치 '시민단체'라도 되는 양 행동합니다. 이들은 지역 교회가 지역사회를 위해 선행을 베풀고 즐거운 모임을 갖는 장소가 되어야 한다고 여깁니다. 교회에 헌금하는 것은 선행과 활동을 후원하기 위해 회비를 내는 것과 같다고 생각합니다.

더 나쁜 것은 마치 '문화센터'에 온 것처럼 교회에서 행동하는 것입니다. 그들은 회비를 내고 그 대가로 어떤 특전을 기대합니다. 이런 교인들은 목사에게 어떤 설교를 얼마나 오래 할 것인지 목소리를 높입니다. 그들은 시설 외관은 어떠해야 한다고 왈가왈부합니다. 자신이 선호하는 예배 순서를 정확하게 요구합니다. 자신이 선호하는 프로그램, 사역, 우선순위가 분명합니다.

'문화센터' 교회의 최악의 측면은 교인들이 목회자와 직원을 자기 필요를 채워주는 고용된 일꾼 정도로 여긴다는 점입니다. 결국, 그들은 청구서에 대한 비용을 지불하는 셈입니다.

하지만 이 문화센터 교인들에게 서로 상반된 선호와 요구가 있다면 어떻게 될까요? 우리는 일반적으로 이를 '교회 싸움'이라고 부릅니다. 이것이 곪아 터지면 교회 분열로 이어집니다. 몇 년 전에 들었던 교회 분열에 대한 이야기가 생각나는데, 두 개의 새 단체가 모두 기존 교회와 관계를 유지하길 원했습니다. 그 결과 하나의 교회가 하모니Harmony 교회와 그레이터 하모니Greater Harmony 교회라는 두 교회가 되었습니다.

교회를 시민단체나 문화센터로 보아서는 안 되며, 지역 교회에 대해 신약성경이 제시하는 분명한 관점을 가져야 합니다. 이러한 관점은 오늘날 우리가 "교회를 운영하는"do church 방식과 크게 다른 경우가 많습니다. 다음에 이러한 관점을 살펴볼 것입니다.

결혼식 제단 앞에 서서, 어떤 상황에서도 배우자를 사랑하겠다고 맹세하는 모습을 상상해봅시다. 그런데 한 달에 한 번만 집에 올 수도 있다고 말합니다. 결국, 집에 '출석'하는 건 그다지 중요하지 않으니까요…. (정말 그런가요?)

건강한 결혼생활에서 분명하게 지켜져야 할 약속 중 하나는 배우자와 함께하고 함께 책임지는 것입니다. 마찬가지로, 건강한 교회생활에서 가장 분명한 약속 중 하나는 교회가 모일 때 함께 참여하고 함께 책임지는 것입니다. 이것은 늦잠 자기, 일요일 스포츠 활동(아이들이든 어른이든), 휴일 나들이, 기타 여러 핑계보다 교회 출석을 우선시하는 것을 의미합니다.

현대에 들어와서 많은 사람이 교회 출석을 낮은 우선순위에 배정했습니다. 그 결과, 교인이 200명인데도 매주 출석은 50명이 안 될 수도 있습니다.

그렇게 해서는 안 됩니다. 예루살렘에서 초대교회가 시작되었을 때, 그들은 함께 모이는 것을 우선시했습니다. "믿는 사람이 다 함께 있어 모든 물건을 서로 통용하고 … 날마다 마음을 같이하여 성전에 모이기를 힘쓰고 집에서 떡을 떼며 기쁨과 순전한 마음으로 음식을 먹고"(행 2:44, 46).

바울이 편지를 보낸 교회 어디서나 신실하게 함께 모이는 회중이 있었습니다. 그들은 매주 같은 장소에서, 특정 도시에서 모였습니다. 그들은 그리스도의 몸으로서 모이는 것의 중요성을 이해했습니다. 그들은 함께함의 중요성을 잘 알고 있었습니다.

고린도교회에 편지를 쓸 때 바울은 여러 문제를 언급했는데, 그중 하나가 질서 있는 예배의 필요성이었습니다. 사실 이 주제는 바울이 고린도전서 네 장을 모두 할애할 정도로 중요한 문제였습니다(11~14장). 모이는 예배를 어떤 식으로 드려야 하는지에 대한 지침을 제공할 필요가 있다고 생각했다면, 바울은 분명히 '모이는 예배' 자체에 높은 우선순위를 두었다는 것을 알 수 있습니다.

어떤 사람들은 "교회는 건물이 아니라 사람이다"라는 말을 좋아합니다. 이 말은 사람들이 건물에 모이는 것에만 집중해서는 안 된다는 의미입니다. 결국, 우리는 어디를 가든 교회이기 때문입니다. 하지만 이 주장은 다소 어불성설입니다. 교회가 나무 아래에서 모이든, 학교에서 모이든, 전통적인 교회 건물에서 모이든, 중요한 것은 사람들이 모여야 한다는 의미이기 때문입니다. 확실히 신약성경 대부분은 모이는 교회에 대해 기록합니다. 히브리서 기자는 이 문제를 직접적으로 언급하고 있습니다. "또 약속하신 이는 미쁘시니 우리가 믿는 도리의 소망을 움직이지 말며 굳게 잡고 서로 돌아보아 사랑과 선행을 격려하며 모이기를 폐하는 어떤 사람들의 습관과 같이 하지 말고 오직 권하여 그 날이 가까움을 볼수록 더욱 그리하자"(히 10:23-25).

우리는 하나님이 주신 희망을 붙잡기 위해 함께 만나야 합니다. 서로에게 동기를 부여하기 위해 함께 만나야 합니다. 우리는

2장. 나는 그리스도의 몸의 지체입니다

함께 만나 서로 격려해야 합니다. 교회 출석은 우리가 내놓을 수 있는 그 어떤 변명보다 중요합니다.

저는 외지에 있거나 휴가 중일 때에도 교회에 직접 출석하는 헌신적인 교인들을 알고 있습니다. 이러한 관점은 율법주의적으로 보일 수 있지만 그렇지 않습니다. 그것은 성경의 명령에 순종하는 것입니다. 우리 자신보다 다른 사람의 유익을 먼저 생각하겠다는 약속입니다. 그리스도의 몸을 파트타임이나 일시적인 헌신의 대상으로 여기지 않겠다는 결단입니다. 그만큼 중요합니다. 사실, 그것은 영원히 중요합니다.

나는 섬기는 그리스도인입니다

제가 가장 좋아하는 교회에 대한 성경적 비유는 "그리스도의 몸"(고전 12:12-13)입니다. 이 비유는 교회 전체의 중요성, 즉 우리는 한 몸이라는 점을 떠올리게 합니다. 다른 한편으로, 우리는 신체 개별 부분의 중요성도 알 수 있습니다. 각 부분이 없으면 몸도 존재하지 않기 때문입니다.

지체member라는 용어는 시민 단체나 문화센터와 같은 세속 세계가 아니라 성경에서 교회에 대해 논의하는 데서 유래했습니다. 지체 또는 부분은 몸을 온전하게 만드는 데 필요합니다. 바울은 고린도전서 12장 25-26절에서 이에 대해 잘 설명합니다. "몸 가운데서 분쟁이 없고 오직 여러 지체가 서로 같이 돌보게 하셨느니라 만일 한 지체가 고통을 받으면 모든 지체가 함께 고통을 받고 한 지체가 영광을 얻으면 모든 지체가 함께 즐거워하느니라."

고린도전서 12장 전체는 건강한 교회가 어떤 모습인지를 묘사하는 아름다운 그림입니다. 바울은 몸의 유비體比에 관해 더 깊이 들어가서, 우리가 마치 여러 신체 부위 중 하나처럼 행동해야 한다고 설명합니다.

> 몸은 한 지체뿐만 아니요 여럿이니 만일 발이 이르되 나는 손이 아니니 몸에 붙지 아니하였다 할지라도 이로써 몸에 붙지 아니한 것이 아니요 또 귀가 이르되 나는 눈이 아니니 몸에 붙지 아니하였다 할지라도 이로써 몸에 붙지 아니한 것이 아니니 만일 온몸이 눈이면 듣는 곳은 어디며 온몸이 듣는 곳이면 냄새 맡는 곳은 어디냐 고린도전서 12:14-17

이 비유가 교회 성도인 여러분에게 어떻게 적용되는지 살펴봅시다. 여러분의 역할은 섬기는 것이지 섬김받는 것이 아닙니다. 여러분의 역할은 봉사하는 것이지 자신을 섬겨달라고 요구하는 것이 아닙니다. 여러분의 역할은 자신보다 다른 사람을 먼저 생각하는 것이지, 자기 길을 추구하는 것이 아닙니다.

그리스도를 믿는 사람이 되면 함께 모이고, 함께 봉사하고, 함께 사역하라는 명령이 바로 여러분에게 적용됩니다. 바울은 "너희는 그리스도의 몸이요 지체의 각 부분이라"(고전 12:27)라고 분명하게 강조합니다.

지역 교회 일원이 되면 봉사할 곳을 찾는 게 여러분의 역할입니다. 제가 처음 담임목사로 섬기기 시작했을 때 교회에는 7명의 교인이 있었습니다. 저 다음으로 스티브라는 사람이 교회에 두 번째로 합류했습니다. 저는 그에게 복음을 전할 기회를 가졌고, 그는 그리스도를 따르는 사람이 되었습니다.

하지만 당시 스티브는 제게 여러모로 도전이 되었습니다. 저는 아무런 훈련도 받지 않은 초임 목사였고, 스티브는 교회를 처음 방문한 초신자였기 때문에 앞으로 어떤 일이 벌어질지 전혀 몰랐습니다. 우리 둘 다 아무것도 몰랐죠.

비즈니스 세계에서 목회자로 부름을 받았을 무렵, 저는 겨우 신학교 2학년에 불과했습니다. 스티브는 좋은 사람이었지만 술도 많이 마시고 말도 거칠게 하는 거친 환경에서 자랐고, 교회에 출석한 지 불과 몇 주밖에 되지 않았을 때 크리스천이 되었습니다.

스티브는 어느 날 아침, 저에게 아침 식사를 같이하자고 요청하면서 새신자로서 자신이 앞으로 무엇을 해야 할지 모르겠다고 말했습니다. 특히 교회에서 다음에 뭘 해야 할지 모르겠다는 것이었습니다. 저는 거의 충동적으로 "스티브, 우리 교회의 새가족 위원이 되어주세요!"라고 외쳤습니다.

지금 생각하면 왜 그런 말이 제 입에서 나왔는지 모르겠습니다. 스티브에게 제가 담임목사로서 그를 인도할 수 있다는 걸 보여주고 싶었던 모양입니다. 제 미숙함이 드러날 때면 종종 부끄러움을 느꼈고, 그 순간 자존심이 상식과 겸손을 방해했습니다.

스티브는 "새가족 위원은 무슨 일을 하나요?"라는 당연한 질문을 던졌습니다. 교인이 9명밖에 되지 않았고, 환영 사역을 별달리 준비할 필요가 없었으므로 저는 자유롭게 계획을 세웠습니다. 저는 스티브에게 주일 아침 예배 15분 전부터 교회 건물 앞에 서서 교회에 오는 사람들을 환영하면 된다고 말했습니다. "그냥 평소처럼 하시면 됩니다"라고 순진하게 말했죠.

다음날 일요일, 젊은 부부가 처음으로 저희 교회를 방문했습니다. 그들이 건물에 들어섰을 때, 불편하지는 않더라도 약간 당황한 기색이 역력했습니다. 저는 곧바로 그들에게 다가가 제 소개를 했습니다.

그리고 폭탄이 떨어졌습니다.

"글쎄요. 이렇게 상스러운 말로 맞이하는 교회에 가본 적은 처음이라고 말해야겠네요." 저는 스티브와 함께 훈련 시간을 가져야 한다는 것을 깨달았습니다.

솔직히 저는 스티브가 쓰는 말투에서 욕설을 지적하는 데 시간을 많이 보내야 했습니다. 스티브는 자신이 언제 욕을 하는지조차 모를 정도로 습관이 되어 있었습니다. 그리고 스티브가 교회에서 간증할 때 또 다른 문제가 생겼습니다. 그는 회중에게 자기 이야기를 하면서, 자신의 욕설과 관련해 제가 많은 도움을 줬다고 말했습니다.

2장. 나는 그리스도의 몸의 지체입니다

하지만 이 이야기의 결말은 사뭇 대단합니다. 스티브는 놀라운 '인사꾼'이 되었을 뿐만 아니라 복음 사역, 남성 사역, 의식주 사역도 섬겼습니다.

그리스도인이 되어 교회와 관계를 맺으면서 우리는 섬기도록 부름을 받습니다. 대부분 교회에는 여러분이 즉시 참여할 수 있는 다양한 사역이 있습니다. 교인석이나 의자에만 앉아 있지 마세요. 다른 사람의 섬김만 받으려고 하지 마세요. 섬기고, 또 섬기십시오. 기쁨으로 그렇게 하십시오.

4장에서 이 섬김이라는 주제에 대해 자세히 설명하겠습니다.

나는 한 몸 된 그리스도인입니다

고린도전서 13장에 익숙하신지요? 우리는 이 구절을 흔히 "사랑장"이라고 부릅니다. 바울은 "그런즉 믿음, 소망, 사랑, 이 세 가지는 항상 있을 것인데 그중의 제일은 사랑이라"(고전 13:13)라는 아름다운 말로 이 장의 마지막을 장식합니다.

고린도전서 13장이 결혼식 주제와 잘 어울린다는 생각에 결혼식에서 고린도전서 13장을 낭독하는 것을 들어보신 적이 있을 것입니다. 물론 이 말씀을 결혼식 주례에 포함하는 것이 잘못은 아닙니다.

하지만 이 유명한 사랑장은 원래는 바울이 고린도교회의 갈등과 이기심을 다루기 위해 쓴 것입니다. 당면 문제는 무질서한 예배와 혼란이었지만, 교회에는 서로에 대한 영적 우월성 주장, 교회 공동 식사의 남용, 성추행, 교인들 간의 고소 등 다른 문제도 산적해 있었습니다.

바울은 각 문제를 구체적으로 다루면서 교회 성도들이 서로 어떻게 관계를 맺어야 하는지를 정립하기 위해 열세 번째 장을 썼습니다. 성도들은 자신보다 다른 사람을 먼저 생각함으로써 사랑을 나타내야 합니다. 그들은 예언할 수 있지만 사랑 없이 주어진 예언은 아무것도 아닙니다. 성도들은 믿음이 크고 헌금도 많이 할 수 있지만 사랑이 없으면 아무 소용이 없습니다. 순교로 목숨을 바칠 수도 있지만 사랑이 없으면 아무 소용이 없습니다.

바울은 이렇게 매우 분명한 메시지를 보낸 셈입니다. "나보다 다른 사람을 먼저 생각함으로써 사랑과 단합을 보여주십시오."

처치 앤써스 팀은 분쟁에 휘말린 수백 개의 교회를 대면해왔습니다. 그중 교리나 중요한 교회 문제로 분쟁이 발생하는 경우는 거의 없습니다. 대부분 일부 교인들이 자기 뜻대로 일이 되지 않거나 개인적인 선호가 충족되지 않아서 분쟁이 발생합니다.

성도들은 예배 순서, 담임목사의 설교 시간, 예배당 실내온도, 선호하는 사역이 안내 방송에 언급되지 않은 것에 불만을 제기하곤 합니다. 불만 목록은 매우 길어질 수도 있습니다. 하지만 여러분은 교회의 하나 됨을 이루는 일원으로 부름받았습니다. 여러분은 다른 사람 대신 자신을 마지막에 두도록 부름받았습니다.

예루살렘에서 탄생한 첫 교회는 연합하는 교회였습니다. 사도행전은 이러한 연합에 대해 명확하게 설명합니다. "믿는 무리가 한 마음과 한뜻이 되어 모든 물건을 서로 통용하고 자기 재물을 조금이라도 자기 것이라 하는 이가 하나도 없더라"(행 4:32).

그러나 바울은 고린도교회를 향해서는 단합할 것을 간청해야 했습니다. "형제들아 내가 우리 주 예수 그리스도의 이름으로 너희를 권하노니 모두가 같은 말을 하고 너희 가운데 분쟁이 없이 같은 마음과 같은 뜻으로 온전히 합하라"(고전 1:10).

모든 그리스도인은 지역 교회와 연결되어야 하지만, 그들은 또한 연합과 사랑의 대리인이 되어야 합니다. 연합과 사랑은 하나님의 능력으로 나보다 다른 사람을 먼저 생각하기로 결단할 때 초자연적으로 일어납니다.

그렇게 할 때 우리는 가장 위대한 종 예수님을 본받게 됩니다.

나는 헌금하는 그리스도인입니다

교회 헌금과 관련된 많은 논쟁은 우리가 헌금하는 것이 얼마나 축복인지보다는 무엇을 얼마만큼 드려야 하는지에 초점을 맞춥니다. 헌금은 하나님의 의도대로 드리는 기쁨의 행위가 아니라 종종 율법적인 의무가 되기도 합니다. 바울은 고린도교회에 편지를 썼을 때 고린도교회가 다른 교회와 다른 신자들에게 모범이 되었기 때문에 그들의 헌금을 칭찬했습니다. "과연 너희의 열심이 퍽 많은 사람들을 분발하게 하였느니라"(고후 9:2).

그런 다음 바울은 헌금의 영적 근거를 요약합니다.

> 각각 그 마음에 정한 대로 할 것이요 인색함으로나 억지로 하지 말지니 하나님은 즐겨 내는 자를 사랑하시느니라 하나님이 능히 모든 은혜를 너희에게 넘치게 하시나니 이는 너희로 모든 일에 항상 모든 것이 넉넉하여 모든 착한 일을 넘치게 하게 하려 하심이라. 고린도후서 9:7-8

개인적인 간증을 하자면, 재정적으로 가장 자유로워진 순간 중 하나는 일정 수준의 헌금에 집중하기보다는 자유롭고 아낌없이 헌금할 수 있는 기쁨이 내게 있음을 깨달았을 때였습니다. 그 자유로움 덕분에 아내와 저는 십일조 액수를 바라보며 더 큰 기쁨으로 더 많은 헌금을 할 수 있었습니다. 하나님의 선교와 교회에 헌금하는 것은 소홀히 해도 될 일이 아니라 선물이자 기회입니다.

나는 기도하는 그리스도인입니다

기도는 그리스도인과 관련하여 가장 자주 언급되고 잘못 이해되는 단어 중 하나입니다. 기도는 종종 교회의 또 다른 활동이나 사역으로 여겨지곤 합니다. 그러나 기도는 실제로 하나님의 영이 교회를 통해 위대한 일을 성취하는 방법입니다.

기도에 관한 책들이 참 많습니다. 많은 책이 출판되었고, 앞으로도 쏟아져 나올 것입니다.

교회 구성원으로서 우리는 기도하는 사람이 되어야 합니다. 하지만 우리의 일상생활과 교회의 전반적인 사역에서 기도는 어떤 위치일까요? 이 작은 책에서 기도에 대한 완전한 정의를 내릴 수는 없지만, 6장에서 이에 관한 몇 가지 실제적인 예를 제시할 것입니다. 계속 따라와주세요.

토론 질문

1 흔히 '교회 출석'이라고 하는 지역 교회 모임이 그렇게 중요하다면, 왜 그렇게 많은 교인은 이것을 우선순위에 두지 않고 있을까요?

2 고린도전서 13장 사랑장이 실제로 어떻게 교회 구성원들의 건강을 확인하는 기준이 되는지 몇 문장으로 설명해보세요.

3 교인들이 헌금하는 것에 어려움을 겪는 이유는 무엇일까요?

CHAPTER 3
나는 제자입니다

'제자도'를 어떻게 정의하시나요? 그리스도인으로서 우리는 "너희는 가서 모든 민족을 제자로 삼[으라]"(마 28:19)라는 말씀을 많이 듣지만, 이것이 실제로는 무슨 의미일까요?

제자라는 용어에 대한 정의는 여러 사전에서 찾을 수 있지만, 대부분 비슷합니다. 우리는 어떤 사람을 따르거나 그 사람이 추진하는 시스템을 따를 때 그의 제자가 됩니다. 따라서 제자훈련이란 자신이 따르는 사람이나 시스템에 사람들을 일치시키도록 돕는 과정입니다.

우리는 어떤 제자훈련 과정을 사용해야 할까요? 좀 더 구체적으로 예수님을 따르는 사람으로서 어떻게 하면 실제로 예수님을 더 닮아갈 수 있을까요? 제자로 성장하기 위해 지역 교회에서 어떤 단계를 밟아야 할까요?

교회 지도자들에게 제자훈련에 대한 접근 방식을 설명해달라고 요청하면, 반응이 다양합니다. 어떤 이들은 교회에 제자훈련을 위한 프로세스나 전략이 없다고 솔직하게 말합니다. 다른 이들은 교인들에게 제공하는 콘텐츠나 커리큘럼을 지적하기도 합니다. 또 다른 이들은 예수님의 제자가 갖춰야 할 여러 특성에 대한 체크리스트를 보여줍니다.

그리스도인이라면 주저 없이 "나는 제자입니다"라고 말할 수 있습니다. 그것은 확정된 진실입니다. 당신은 예수님을 따르기로 했습니다. 당신의 죄를 회개했습니다. 그리스도와, 그분이 당신의 죄를 용서하기 위해 십자가에서 행하신 일을 신뢰했습니다. 당신은 그분이 죽음에서 부활하여 죽음을 물리치셨다고 믿었습니다. 당신은 그분을 영원토록 따르기로 했습니다.

하지만 여기 또 다른 현실이 있습니다. 천국에 갈 때까지 우리는 그리스도인으로서 성장해야 합니다. 그것은 과정입니다. 다른 말로 표현하자면, 우리는 온전히 헌신된 그리스도의 제자로서 계속 성장하라는 명령을 받았습니다.

1980년 2월 23일, 저의 세 아들 중 첫째가 태어났습니다. 그 순간 저는 아빠가 되었고 더 이상 뭘 하지 않아도 될 만큼 좋았습니다. 하지만 저는 좋은 아빠가 되고 싶었고, 아빠로서 성장하고 싶었습니다. 아들을 더 깊이 사랑하고 싶었습니다. 아빠로서 더 잘해야겠다는 결심이 더욱 깊어졌습니다. 말하자면, 단순히 아빠라

나는 그리스도인입니다

는 타이틀에 만족하지 않고, 최고의 아빠가 되고 싶었습니다.

'그리스도인'이라는 호칭도 마찬가지입니다. 우리는 더 나은 그리스도인이 되기 위해 노력해야 합니다. 그리스도를 더 닮아가기 위해 노력해야 합니다. "나는 그리스도인입니다"라는 고백은 종교적인 차원을 훨씬 뛰어넘습니다. 이 두 단어에는 깊은 의미가 담겨 있습니다. 그중 몇 가지를 살펴보겠습니다.

가장 위대한 것 실천하기

이전 장에서 "그런즉 믿음, 소망, 사랑, 이 세 가지는 항상 있을 것인데 그중의 제일은 사랑"(고전 13:13)이라는 구절을 살펴보면서 지역 교회 맥락에서 우리가 어떻게 사랑해야 하는지에 초점을 맞추었습니다. 하지만 하나님 사랑은 분명히 훨씬 더 광범위한 의미를 담고 있습니다.

우리는 기본 전제에서부터 시작해야 합니다. 하나님은 사랑입니다. 그분은 단순히 사랑을 보여주시는 것이 아니라 본질 자체가 사랑입니다. "사랑하지 아니하는 자는 하나님을 알지 못하나니 이는 하나님은 사랑이심이라"(요일 4:8). 하나님은 "우리가 아직 죄인되었을 때에"(롬 5:8) 그의 아들 예수님을 보내어 우리를 위해 죽게 하심으로써 완전한 사랑을 보여주셨습니다.

우리가 그리스도를 더욱 닮아가려면 이 제자도에 그리스도처럼 사랑하기가 포함되어야 합니다. 그분의 완전한 사랑에 도달할 수는 없겠지만, 우리 삶에서 역사하시는 성령의 능력을 통해 그분이 사랑하신 것처럼 점점 더 사랑하는 법을 배울 수 있습니다.

바울은 빌립보 교회에 편지를 보내면서 그리스도를 더 닮으라고 명했습니다. 다시 말해, 더 헌신적인 제자가 되라고 한 것입니다. 빌립보서 2장 2-4절에서 바울은 "마음을 같이하여 같은 사랑을 가지고 뜻을 합하며 한마음을 품어 아무 일에든지 다툼이나 허영으로 하지 말고 오직 겸손한 마음으로 각각 자기보다 남을 낫게 여기고 각각 자기 일을 돌볼뿐더러 또한 각각 다른 사람들의 일을 돌보아 나의 기쁨을 충만하게 하라"라고 권했습니다.

바울은 무엇을 말하는 것일까요? 우리가 다른 그리스도인과 연합하고, 이타적이고, 겸손하다면 우리는 그리스도를 더욱 닮아가고 있다는 것입니다. 실제로 우리는 그리스도의 사랑과 같은 종류의 사랑을 보여주는 셈입니다. 바울은 빌립보서 2장 5절에서 이러한 특성을 "너희 안에 이 마음을 품으라"라고 요약합니다.

이런 특성을 보면 내가 과연 그런 사람이 될 수 있을까 하는 생각이 듭니다. 그때 바울은 우리에게 강력하게 기억나게 합니다. "너희 안에서 행하시는 이는 하나님이시니 자기의 기쁘신 뜻을 위하여 너희에게 소원을 두고 행하게 하시나니"(빌 2:13).

그 구절은 저에게 큰 전환점이 되었습니다. 하나님은 우리에게 그리스도를 닮아갈 수 있는 능력을 주실 뿐만 아니라 소망도 주십니다. 하나님께서 그리스도를 더 닮아가는 일을 위해 제게 힘을 주

나는 그리스도인입니다

실 것을 알기에 저는 기도하면서도 이 하나님의 능력에 굴복하고 싶은 소망을 자주 표현합니다. 무엇보다도 그분은 제가 다른 사람을 더 사랑하고 나보다 다른 사람을 먼저 생각하도록 인도하십니다. 그리고 그 모든 일을 기쁨으로 할 수 있다는 소망을 주십니다.

이것이 제자도의 핵심입니다.

그리스도인이 아닌 사람들 사랑하기

예수님에게도 비판자들이 있었습니다. 죄인들과의 교제를 싫어하는 종교 지도자들도 있었습니다. "바리새인과 그들의 서기관들이 그 제자들을 비방하여 이르되 너희가 어찌하여 세리와 죄인과 함께 먹고 마시느냐"(눅 5:30).

꽤 거친 말입니다. 예수님은 재빨리 대답하셨습니다. "예수께서 대답하여 이르시되 건강한 자에게는 의사가 쓸데없고 병든 자에게라야 쓸 데 있나니 내가 의인을 부르러 온 것이 아니요 죄인을 불러 회개시키러 왔노라"(눅 5:31-32).

여기서 우리가 본받아야 할 예수님의 사랑에 대해 두 가지 중요한 교훈을 배웁니다. 첫째, 하나님의 본체이신 완전하신 분이 (종교 엘리트들이 바람직하지 않다고 여긴) 사람들과 어울리기로 선택하셨다면 우리도 그렇게 하면 안 될까요? 완전하신 예수님은 다른 사람들이 쓰레기로 여기는 사람들과 자주 함께 먹고 마셨습니다. 용서받은 죄인인 우리도 그 모범을 따라야 합니다. 이름만 그리스도인인 사람들은 그런 이들을 가장 가혹하게 비판할 수 있습니다.

두 번째 중요한 교훈은 그리스도를 모르는 사람들과 교제하고 그들에게 복음을 전할 준비가 되어 있고, 그렇게 되길 열망해야 한다는 것입니다. 예수님은 병든 사람을 고치러 온 의사라는 은유를 사용하셨습니다. 물론, 여기서 병은 육체적 질병이라기보다는 영적인 병입니다.

가장 위대한 사랑의 행위는 복음 전도입니다. 하나님께서는 외아들을 희생양으로 보내셨습니다. 예수님을 따르는 우리는 그 사랑을 기꺼이 보여주고 또 전하려는 열망이 있어야 합니다.

우리가 따르는 구세주이자 주님에 대해 "보고 들은 것을 말하지 아니할 수 없다"(행 4:20)라는 심정으로, 전하기를 멈추기 어려울 정도로 사람들을 사랑하지 않는다면 우리는 진정으로 주님의 제자라고 할 수 없습니다.

가장 확실한 성장의 길

몇 년 전, 브래드 와고너는 제자훈련에 관한 기본서 《다가올 신앙의 모양》*The Shape of Faith to Come*을 썼습니다. 2,500명의 교회 신자들의 영적 훈련에 대해 조사한 결과, 와고너는 일관된 주제를 발견했습니다.

나는 그리스도인입니다

매일 성경을 읽는 그리스도인은 영적 성장의 모든 영역에서 성장 가능성이 높았습니다. 그들은 하나님께 순종할 가능성이 더 높았습니다. 신앙을 나눌 가능성이 더 높았습니다. 다른 사람을 섬길 가능성이 더 높았습니다. 그들은 기독교 신앙에 대한 더 깊은 진리를 배울 가능성이 더 높았습니다.

말이 되지 않나요? 성경을 읽을 때 여러분은 하나님 말씀을 읽는 것입니다. 하나님 말씀을 듣고 있습니다. 자기 삶에 대한 그분의 계획이 무엇인지 알아가고 있습니다.

애리조나의 한 목사님이 최근 저에게 이렇게 말했습니다. 교인들에게 한 가지만 하도록 한다면 매일 성경을 읽게 하자는 것이었습니다. 2년 전, 그의 교회는 6개월 동안 매일 성경을 읽기로 약속하는 대대적인 캠페인을 벌였습니다. 그리고 목사님은 많은 성도에게 놀라운 변화가 일어났다고 했습니다.

정말 그리스도인으로서 성장하고 싶으신가요? 그리스도를 더 닮고 싶으신가요? 성경을 읽고 공부하세요. 조용한 시간에 성경을 읽으세요. 다른 사람과 함께 성경을 공부하세요. 매일 꾸준히 읽으세요. 1년에 성경 전체를 읽든, 특정 책이나 성경 구절을 깊이 읽든, 매일 그렇게 하세요. 교회에서 소그룹을 시작하거나 참여하여 그들과 함께 성경을 공부하세요. 저는 공동체 소그룹 멤버들이 제공하는 통찰력에 항상 놀라움을 금치 못합니다. 우리는 모두 공동체에서 공부하는 것을 좋아해야 합니다.

간단하지만 심오합니다. 예수님에 대해 더 많이 알기 전까지는 예수님을 닮을 수 없습니다. 구약의 성육신 이전 시대부터 성육신, 승천, 재림에 이르기까지 성경을 통해 우리 구세주에 대해 많이 배울 수 있습니다.

성경을 읽으세요. 성경은 인생을 변화시킵니다.

제자도의 커다란 걸림돌

예수님에 대해 생각할 때 가장 먼저 떠오르는 생각이 무엇인가요? 저는 십자가 죽음을 생각합니다. 하루에도 여러 번 십자가에 달리신 예수님에 대해 생각하곤 합니다. 그 생각이 떠오를 때면 저는 종종 감동을 받습니다. 그분은 저를 위해 죽으셨습니다. 그냥 죽으신 것이 아니라 상상할 수 있는 가장 잔인한 형태의 죽음 중 하나인 로마식 십자가에서 고통스러운 죽음을 맞이하셨습니다.

그분은 저를 위해 끔찍한 죽음을 맞이했습니다. 왜요? 그분이 나를 사랑하시기 때문입니다. 내 죄에 대한 형벌을 받으셨기 때문입니다. 하나님이 나를 용서하실 수 있도록 그분이 죽으셨습니다.

이 사실을 완전히 이해하기는 어렵습니다. 나는 그런 사랑을 받을 자격이 없기 때문입니다. 그분의 용서를 받을 자격이 없습니다. 하지만 어쨌든 그분은 저를 위해 죽었습니다.

그렇다면 제자 중 한 사람인 우리는 어떻게 해야 할까요? 바울의 지침은 분명합니다. "너희는 모든 악독과 노함과 분냄과 떠드는 것과 비방하는 것을 모든 악의와 함께 버리고 서로 친절하게 하며 불쌍히 여기며 서로 용서하기를 하나님이 그리스도 안에서 너희를 용서하심과 같이 하라"(엡 4:31-32). 예수님도 분명한 메시지를 전하십니다. "그때에 베드로가 나아와 이르되 주여 형제가 내게 죄를 범하면 몇 번이나 용서하여 주리이까 일곱 번까지 하오리이까 예수께서 이르시되 네게 이르노니 일곱 번뿐 아니라 일곱 번을 일흔 번까지라도 할지니라"(마 18:21-22).

고등학교 때 한 선생님에게 신체적 학대를 당한 후 용서의 어려움과 필요성을 실감했습니다. 그는 자신이 코치하는 팀에서 뛰지 않는다고 제게 화를 냈습니다. 직접 저를 건드리지는 않았지만 학교 뒤편으로 데려가 몇몇 선수에게 저를 마구 때리게 할 정도였습니다. 이런 일은 몇 주에 걸쳐 여러 번 일어났습니다. 저는 화가 났고, 쓴 뿌리를 품었습니다. 저는 그를 미워했습니다. 그를 용서할 수 없었습니다. 수년 동안 용서하지 않고 그 짐을 고스란히 짊어지고 살았습니다.

학대가 끝난 지 14년 후, 저는 첫 번째 교회에 부임하라는 부름을 받았습니다. 부임 첫 주에 첫 설교를 준비하려고 하는데 그 선생의 모습이 계속 떠올랐습니다. 저는 제가 무슨 일을 해야 하는지 알았습니다.

제 인생에서 처음으로 그 남자를 용서하고 기도했습니다. 고등학교 졸업 후 한 번도 그를 본 적이 없지만, 마치 눈앞에 있는 것처럼 그를 용서해달라고 기도했습니다. 곧바로 기적적인 사랑의 물

결이 제게 밀려들지는 않았지만, 하나님께서는 제 마음속 괴로움을 서서히 제거해주셨습니다.

실제로 시간이 꽤 지난 지금 객관적으로 이 글을 쓸 수 있습니다. 제가 그를 용서한 후에도 후유증은 분명히 있었습니다. 저는 여전히 그와 관련해선 분노 문제를 겪고 있습니다. 학대받았던 기억이 아직도 고통스럽게 남아 있습니다. 하지만 저는 30년 전에 그를 진심으로 용서했고, 그에게 어떤 악감정도 품고 있지 않습니다.

저에게 가장 큰 확신을 준 성경 구절은 마태복음 6장 12절로, 예수님께서 제자들에게 기도하는 방법을 가르치신 "주기도문"의 일부입니다. 예수님은 용서와 관련하여 "우리가 우리에게 죄 지은 자를 사하여 준 것같이 우리 죄를 사하여 주시옵고"라고 기준을 정하셨습니다.

예수님은 우리를 포함한 제자들에게 용서가 문제 될 것을 알고 계셨기 때문에 이 문제에 대한 가르침을 확장하셨습니다. "너희가 사람의 잘못을 용서하면 너희 하늘 아버지께서도 너희 잘못을 용서하시려니와 너희가 사람의 잘못을 용서하지 아니하면 너희 아버지께서도 너희 잘못을 용서하지 아니하시리라"(마 6:14-15).

와우, 그 말은 30년 전처럼 저에게 큰 충격을 주었습니다. 고등학교 시절의 선생님을 용서하지 않으면 새 교회를 이끌 수 없다는 것을 알았습니다. 더 나아가 그 사람을 용서하지 않으면 그리스도의 헌신 된 제자로 살 수 없다는 것을 알았습니다.

제자가 된다는 것은 때때로 무척 어려운 일입니다. 아니, 성령께서 우리에게 힘을 주시지 않는 한 제자가 된다는 것은 불가능에 가깝습니다. 하지만 이 말씀을 붙잡으세요. "너희 안에서 행하시는 이는 하나님이시니 자기의 기쁘신 뜻을 위하여 너희에게 소원을 두고 행하게 하시나니"(빌 2:13).

하나님께서 소망과 능력을 모두 주실 것을 기대하세요.

이것이 여러분이 제자가 되는 방법입니다.

동료 교인들을 용서하세요

용서라는 주제와 그리스도의 몸의 지체라는 의미 사이에는 간단한 교차점이 있습니다. 우리가 다른 사람에게 베푸는 용서에는 반드시 동료 교인에 대한 용서도 포함되어야 합니다.

처치 앤써스는 교회에서 일어나는 많은 상처를 다룹니다. 성도들은 알게 모르게 서로 상처를 줍니다. 목회자와 직원에게 상처를 주는 성도들, 목회자와 직원이 성도에게 상처를 주는 경우, 서로에게 상처를 주는 목회자와 직원….

교회에 싸움이 일어나고 거친 말이 오가며 사람들이 서로 원망하는 곳이 될 때마다 슬픕니다. 그렇지만 너무나 익숙한 광경이기도 합니다. 성경은 교회가 안고 있는 문제를 감추려 하지 않습니다. 고린도전서 1, 2장을 읽어보세요. 갈라디아서를 보세요.

우리가 제자로 성장하려면 다른 사람을 용서해야 합니다. 여기에는 우리가 섬기는 교회에 속한 사람도 포함됩니다.

교회는 지저분합니다. 위선자로 가득합니다. 그러나 하나님께서는 무한한 지혜로 지역 교회를 선교의 주요 수단으로 삼기로 하셨습니다. 이것이 그분의 플랜 A이며 플랜 B는 없습니다.

나는 그리스도인입니다.

나는 그리스도의 몸의 지체입니다.

나는 제자입니다.

다른 사람을 용서하겠습니다.

저는 하나님의 능력으로 교회에서 다른 사람을 용서하겠습니다. 용서는 제자로 성장하기 위한 절대적인 요건이기 때문입니다.

제자 됨의 핵심

이 책의 각 장이 독립되어 있지 않다는 것을 이제 알 수 있겠지요? 각 장은 여러 지점에서 서로 교차합니다.

제자가 된다는 것이 무엇을 의미하는지에 대해 더 많은 이야기를 할 수 있습니다. 지금까지 사랑, 용서, 성경 공부, 헌금, 기도, 전도 등 제자의 기본 특징을 살펴봤습니다. 이 목록은 때때로 너무 길어 끝이 보이지 않기도 합니다.

그리고 우리가 이것저것을 하면, 즉 모든 항목을 다 체크하면 그리스도인으로서 의무를 다했다고 생각할 수도 있습니다. 사실,

우리는 특히 다른 사람에 대해 율법주의에 빠질 수 있습니다.

1세기에 예수님은 '할 일 목록'을 작성하고 그것을 지키며 자랑스럽게 여기는 사람들을 상대하셨습니다. 그들은 바리새인이었습니다. 바리새인들은 종교적 율법을 철저하게 지키는 사람들이었기 때문에 교만했습니다. 그들은 자기 안에 있는 굳은 마음과 사악함을 감추기 위해 의의 가면을 썼습니다.

예수님은 그들의 위선에 대해서는 인내하지 않으셨습니다. 예수님은 바로 문제의 핵심으로 가셨습니다.

> 화 있을진저 외식하는 서기관들과 바리새인들이여 회칠한 무덤 같으니 겉으로는 아름답게 보이나 그 안에는 죽은 사람의 뼈와 모든 더러운 것이 가득하도다 이와 같이 너희도 겉으로는 사람에게 옳게 보이되 안으로는 외식과 불법이 가득하도다. 마태복음 23:27-28

예수께서는 바리새인들을 정면으로 대응하셨고, 율법 위반자, 세리, 반역자, 창녀, 즉 깨어지고 낙담한 사람들과는 어울리기로 선택하셨다는 사실에 저는 여러모로 위안을 받습니다. 그들은 죄인이었고 그 사실을 알았습니다. 그들은 죄인이었으나 용서를 구했습니다. 그런 자들에게는 계속해서 기회가 주어졌습니다.

예수님은 뭐라고 말씀하셨을까요? 우리도 일흔 번씩 일곱 번 용서해야 합니다.

제 아들들은 아내와 저의 특징 몇 가지를 함께 갖고 있습니다.

집에서 자라는 동안 아이들은 우리 행동을 꼬치꼬치 따져가며 적어놓거나, 체크리스트를 만들어 모방하려고 하지 않았습니다. 그저 저희를 지켜보며 좋은 점과 나쁜 점을 습득했을 뿐입니다.

그리스도인이 된다는 것이 무슨 의미인지 온전히 이해하려 한다면, 그저 삶의 개선 목록을 샅샅이 검토하는 일이 아니라는 점을 기억하세요. 우리는 그저 예수님의 삶을 관찰하고 그분의 능력 안에서 그분처럼 되고자 노력하면 됩니다. 체크리스트를 확인하는 일은 그리스도께 더 가까이 다가갈수록 자연스럽게 따라옵니다.

토론 질문

1 매일 성경 말씀을 묵상하는 핵심 방법에는 어떤 것이 있나요?

2 우리가 세상을 사랑한다고 말할 수 있는 가장 좋은 방법 중 하나가 전도라는 주장에 대해 어떻게 생각하나요?

3 오랫동안 신앙생활을 해온 한 성숙한 신자는 자신에게 깊은 상처를 준 사람들을 용서하는 것이 신앙의 큰 도전이라고 말했습니다. 여러분도 누군가에게 깊은 상처를 받은 적이 있나요? 그 사람을 용서했나요? 어떻게 용서했나요?

CHAPTER 4
나는 종입니다

여러분에게 제스 켈러를 소개합니다. 지금은 예수님과 함께 있지만, 그래도 여러분에게 소개하고 싶습니다. 그는 제 삼촌이자 제 신앙 영웅 중 한 명입니다. 제가 아는 한 매일 섬김의 삶을 보여준 그리스도인 중 한 명이었습니다.

저는 항상 제스를 존경했지만 특히 아버지가 돌아가신 후 더욱 친해졌습니다. 제스는 제 인생의 중요한 시점에 즉시 저를 돌보기 시작했습니다. 그는 자신이 아버지를 대신할 수 없다는 것을 알았지만 가능한 한 제 곁에 있고 싶어 했습니다.

제스는 시간이 많지 않았습니다. 그는 자신이 감당할 수 있는 것보다 더 많은 업무로 허덕이는 저명한 변호사였습니다. 그는 똑똑하면서도 현명했습니다. 그는 박식했지만 섬김의 정신이 투철했습니다. 제스와 저는 매주 연락했습니다. 우리 사이에는 특별한 유대감이 있었고 서로에 대한 사랑은 명명백백했습니다.

저는 아버지가 돌아가시고 나서야 그분의 섬김의 깊이와 폭을 온전히 알게 되었습니다. 저는 언제나 삼촌과의 관계에만 신경 썼지 그분이 다른 많은 사람에게 어떻게 봉사했는지는 미처 알지 못했습니다. 삼촌의 장례식 메시지는 제가 전했지만, 하나님이 주신 종의 직분을 삼촌이 온전히 수행했음을 깨달은 것은 장례식이 끝난 다음이었습니다.

많은 사람은 제스가 자신을 위해 어떤 일을 했는지 얘기하고 싶어 안달이었습니다. 한 부부는 제스가 그들의 결혼생활을 구해줬다고 눈물을 흘리며 말했습니다. 그들은 제스가 자신들과 함께 시간을 보내면서 사랑으로 진실을 말하며 격려하고 훈계했다고 말했습니다.

한 지역 사업가는 파산 신청을 준비하며 제스를 찾아왔습니다. 그런데 삼촌은 함께 사업을 살릴 방법을 모색하면서도, 그분에게 법률 비용을 전혀 청구하지 않았습니다.

한 할머니가 강한 폭풍으로 마당에 있던 나무가 쓰러졌을 때의 이야기를 들려주었습니다. 폭풍이 잦아들자마자 어떤 남자들이 할머니의 집 마당에 도착했습니다. 제스는 즉시 톱을 든 직원들을 꾸려 나무와 기타 잔해물을 치워준 것입니다.

이런 이야기는 끝이 없었고 저는 놀랐습니다. 그가 그렇게나 많은 사람을 섬겨왔는지 전혀 몰랐으니까요.

나는 그리스도인입니다

아내와 저는 첫 두 아들의 이름을 할아버지 이름을 따서 지었습니다. 샘은 제 아버지의 이름을, 아트는 장인어른의 이름을 따서 지었습니다. 셋째 아들이 태어났을 때 저희는 이름을 지을 또 다른 '할아버지'가 있다는 것을 알았습니다. 그래서 셋째 아들을 제스라고 지었어요.

제가 너무나 사랑했던 분의 이름으로 아들을 부를 수 있다는 사실을 생각하면 지금도 눈물이 납니다. 제스 삼촌은 제가 아는 그 누구보다도 섬김을 몸소 실천하신 분입니다.

그리스도의 노예로 산다는 것

신약성경에서 헬라어 '둘로스'는 사용 중인 성경 번역본에 따라 하인 또는 노예로 번역됩니다.

이 단어를 번역하는 것이 얼마나 어려운 일인지 알 수 있습니다. 역사적으로 노예제와 관련된 속박, 잔인함, 고통의 이미지 때문에 종종 노예slave 대신 '종'servant이라는 단어를 쓰지요. 번역가들은 억압과 밀접하게 연관된 단어를 사용하길 주저합니다. 어떤 사람들은 1세기의 '노예'가 자유를 얻을 가능성이 있는 '계약직 노동'이었다는 점을 지적합니다. 하지만 아무리 좋은 상황이었다고 해도 결코 즐거운 일은 아니었을 것입니다.

그러므로 '종'이라는 단어는 '둘로스'에 담긴 의미를 깊고 적절하게 전달하지 못할 수도 있습니다. 인류 역사는 비자발적 노예제도의 폐해로 얼룩져 왔지만, 그리스도의 둘로스가 된 사람들은 자유롭고 기쁨으로 그 역할을 맡습니다. 그들은 전적으로 자신을 사랑하고 베푸는 주인의 소유가 되길 자발적으로 선택합니다. 그리스도의 노예가 되는 일은 강요된 것이 아닙니다. 오히려 우리는 기쁨에 이끌려 자유롭고 온전히 그분께 복종합니다.

우리 주 예수 그리스도께서는 자신의 목숨이라는 값비싼 대가로 우리를 사셨습니다(고전 6:20). 예수님의 노예가 된 우리는 왕을 신실하고 기쁘게 섬기기 위해 자기 생명과 권리를 포기하기로 선택했습니다. 그렇다면 "나는 종입니다"라고 선언하는 것이 어떤 의미일까요? 다음은 몇 가지 고려 사항입니다.

기꺼이 꼴찌를 선택하다

저희 가족은 플로리다주에 몇 곳 남지 않은 외딴곳 중 하나인 해변에서 휴가를 보내길 좋아합니다. 편의시설은 거의 없지만 그중 하나가 도넛 가게입니다. 어떤 이유에서인지 주인은 수요를 충족시킬 만큼 충분한 도넛을 만들지 않습니다. 항상 일찍 매진되죠.

도넛 가게 앞에는 매일 아침 일찍부터 줄이 늘어섭니다. 어떤 사람은 도넛을 먹기 위해 한 시간 이상 기다리기도 합니다. 새치기는 꿈도 꾸지 마세요. 이미 자리를 잡은 사람들은 그런 어리석은 행동이 어떤 결과를 가져올지 확실하게 보여줄 테니까요. 그깟 도 넛 한 봉지로 너무한다고요? 어쨌든 먼저 온 사람이 임자입니다.

하지만 종의 마음가짐은 정반대입니다. 종은 꼴찌가 되길 선택 하는 것을 넘어 꼴찌가 되길 갈망합니다. 오늘날 우리 문화에서 이 러한 '서번트 마인드셋'은 완전히 반직관적입니다.

열두 제자는 야고보와 요한의 어머니가 예수님께 상상할 수 없 는 요청을 했을 때 이 교훈을 뼈저리게 배웠습니다. 그녀의 아들들 은 이미 예수를 가장 가까이에서 따르는 제자들이었지만 그녀는 그들이 더 가까워지기를 원했습니다. 예수님께 드린 그녀의 요청 을 주의 깊게 읽어보세요. "이 두 아들을 주의 나라에서 하나는 주 의 우편에, 하나는 주의 좌편에 앉게 명하소서"(마 20:21).

왕 옆자리는 명예의 자리일 뿐만 아니라 권력의 자리이기도 합 니다. 야고보와 요한의 어머니는 완전히 불합리한 요청을 했습니 다. 그리고 다른 제자들이 그 소식을 들었을 때 그들 역시 기분이 좋지 않았습니다. "열 제자가 듣고 그 두 형제에 대하여 분히 여기 거늘"(마 20:24).

예수님은 긴장을 가라앉히셨습니다. 예수님은 모든 제자를 불 러 모아 그들이 놓치고 있는 것이 무엇인지 설명하셨습니다. "이 방인의 집권자들이 그들을 임의로 주관하고 그 고관들이 그들에게 권세를 부리는 줄을 너희가 알거니와"(마 20:25).

예수님께서 이 말씀을 하신 후 잠시 멈칫하셨는지 궁금합니다. 제자들에게 다른 길을 가야 한다고 말하기 전에 그 말을 음미하게 하셨을까 궁금합니다.

"너희 중에는 그렇지 않아야 하나니 너희 중에 누구든지 크고자 하는 자는 너희를 섬기는 자가 되고 너희 중에 누구든지 으뜸이 되고자 하는 자는 너희의 종이 되어야 하리라 인자가 온 것은 섬김을 받으려 함이 아니라 도리어 섬기려 하고 자기 목숨을 많은 사람의 대속물로 주려 함이니라"(마 20:26-28).

예수님처럼 되고 싶은가요? 다른 사람을 섬기세요.

예수님처럼 되고 싶은가요? 마지막이 되길 택하세요.

예수님처럼 되고 싶은가요? 기꺼이 목숨을 희생하세요.

저는 이 구절을 좀 더 자세히 파고들고 싶습니다. 제자들은 그 말씀의 뜻을 이해했을까요? 제자들은 야고보와 요한에게 계속 화를 냈을까요? 그들은 자기 태도를 회개했나요? 그리스도를 따르는 사람이 된다는 것은 그리스도와 다른 사람의 종이 되는 것이란 의미, 그 새로운 진실에 눈을 떴을까요? "이와 같이 나중 된 자로서 먼저 되고 먼저 된 자로서 나중 되리라"(마 20:16).

하나님께서는 여러분을 지역 교회에 배치하여 예수님을 따르는 종의 삶을 살도록 하셨습니다. 그분은 여러분이 다른 사람을 먼저 생각하도록 지금 있는 교회에 두셨습니다.

다른 성도들의 말이나 행동에 관계없이 여러분은 종이 되기로 선택할 수 있습니다. 교회에서 종이 되기로 선택한 것은 정말 자유로운 결정이었습니다. 제 길을 가기 위해 계획하고 싸울 필요가 없습니다. 줄의 맨 앞줄에 서지 않아도 됩니다. 제 권리를 요구할 필요도 없습니다.

제가 탑승할 예정이었던 항공편이 취소되었을 때 공항에서 서번트 리더십의 사례를 목격했던 기억이 납니다. 승객들은 화가 났죠. 항공편을 재예약하기 위해 카운터는 줄이 길어지고 있었습니다. 많은 사람이 데스크에 있는 직원에게 화풀이를 했습니다. 제 앞에 줄을 선 여성이 부드럽게 말을 걸기 전까지는요.

"취소가 여러분 잘못이 아니라는 것을 압니다. 저희를 돕기 위해 최선을 다하고 계신다는 것도요. 이 혼란을 헤쳐나가는 여러분을 위해 기도할게요." 그녀는 간단히 기도한 후 이렇게 마무리했습니다. "저는 늦어도 좋으니 이분들부터 처리해주세요."

제가 거기 있었어요. 그 여성은 물러났고 저는 힘들어하는 담당자의 얼굴을 보고 있었습니다. "저분 말이 맞아요." 제가 말했습니다. "최선을 다해주셔서 고맙습니다." 그리고 저는 다시 한번 줄의 맨끝으로 갔습니다.

저는 상담원에게 친절하게 말을 건네던 여성분 뒤에 섰습니다. 저는 그녀의 어깨를 두드렸습니다.

"실례합니다." 제가 말했습니다. "실례지만 그리스도인이신가요?"라고 물었습니다.

그녀는 제 질문에 당황한 듯 잠시 멈칫했습니다. "네." 그녀가 말했습니다. "어떻게 아셨어요?"

나는 알았습니다. 그녀는 그곳에서 종처럼 섬겼으니까요.

4장. 나는 종입니다

주인을 기쁘게 하려고

진정한 하인은 주인을 기쁘게 하길 원합니다. 진정한 종은 주인의 가르침과 명령을 따르기 위해 무엇이든 할 것입니다.

1990년대에 WWJD라는 약어가 유행했던 때를 기억하시나요? "예수님이라면 어떻게 하셨을까?"What would Jesus do?라는 뜻이었죠. 1896년 찰스 셸던이 쓴 『예수님이라면 어떻게 하실까』In his steps라는 책의 주제이기도 했습니다. 5천만 부 이상 판매된 이 책은 역대 베스트셀러 중 하나입니다. 분명 큰 반향을 일으켰습니다. 책의 전체 줄거리를 간략하게 소개하겠습니다.

한 노숙자가 교회 예배에 들어와 회중에게 도전합니다. 그는 지역사회에서 교회가 하나님의 일을 했다는 증거를 본 적이 없다고 침착하게 말합니다. 그는 본질적으로 그들의 믿음이 진짜인지 묻기 위해 그들에게 맞섰습니다. 말을 마친 노숙자는 쓰러집니다. 그리고 며칠 후 사망합니다. 이 사건은 일부 교인의 신앙 기초를 흔들었습니다. 그들은 "예수님이라면 어떻게 하실까?"라는 질문을 던지며 삶의 크고 작은 결정을 내리기 시작합니다.

이 책은 그리스도인들이 실제로 자기가 믿는 바를 실천한다면 어떤 일이 일어날지를 본질적으로 포착합니다. 사람들이 예수님을 주님과 구세주로 영접했다고 하는 말을 교회에서 듣는 건 그리 어렵지 않습니다. 구세주라는 복음은 어디서나 선포하기가 꽤 쉽습니다. 결국, 누구나 자기 죄에서 벗어나고 싶으니까요. 예수님은 우리를 정죄로부터 구원하시고 영생을 주셨습니다.

하지만 우리는 '주님'이라는 칭호에 담긴 의미를 진정으로 이해하고 있을까요? 그것은 확실히, "예수님은 하나님"이시라고 고백하는 것입니다. 그분은 유일하신 참 하나님이며, 다른 신은 없습니다.

예수님을 주님으로 인정한다는 것은 그분이 모든 권세를 갖고 계심을 인정한다는 의미이기도 합니다. 그분은 왕국에서 모든 피조물과 영원토록 통치하십니다.

예수님을 주님으로 고백하는 것은 또한 우리가 취할 자세를 정의합니다. 예수님이 우리 주님이라고 말하는 것은 기꺼이 그분의 권위에 복종하겠다는 의미입니다. 우리는 그분을 기쁘시게 하길 원합니다.

예수님은 주님의 주님 되심을 가볍게 여기는 사람들에게 분명히 도전하셨습니다. "너희는 나를 불러 주여 주여 하면서도 어찌하여 내가 말하는 것을 행하지 아니하느냐 내게 나아와 내 말을 듣고 행하는 자마다 누구와 같은 것을 너희에게 보이리라"(눅 6:46-47).

그분의 권위에 복종하고 그분을 주님으로 따르지 않는다면 우리는 예수님의 종이 될 수 없습니다. 그분을 주님이라고 부른다는 것은 예수님을 우리 주인으로 여기고 순복하는 것을 의미합니다. 그리하여 우리는 그분을 위해 살려고 노력한다는 뜻입니다. 모든 행동과 생각에서 "예수님이라면 어떻게 하셨을까?"라는 질문에 답하려고 애씁니다.

기독교 신앙은 우리에게 사랑을 보이라고 요구합니다. 우리가 보여주는 사랑은 먼저 그리스도를 향한 사랑이어야 하고, 그다음에는 사람을 향한 사랑이어야 합니다. 다른 사람에 대한 사랑을 표현하는 방법은 셀 수 없을 정도로 많지만, 가장 확실한 방법 중 하나는 섬기는 것입니다.

요한복음 13장에서 예수님은 제자들을 당혹스럽게 하는 어떤 일을 하십니다. 허리에 수건을 두르시고 대야에 물을 붓고 제자들의 발을 하나씩 씻기 시작합니다. 시몬 베드로에게 오시자, 베드로는 자신의 성급한 기질에 따라 거부합니다. "주여 주께서 내 발을 씻으시나이까"(요 13:6).

예수님은 "내가 하는 것을 네가 지금은 알지 못하나 이후에는 알리라"(요 13:7)라고 침착하게 답하십니다. 베드로가 여전히 반대하자 예수님은 더 심한 말을 하십니다. "내가 너를 씻어주지 아니하면 네가 나와 상관이 없느니라"(요 13:8).

당시 문화에서, 발 씻기는 행위는 더러운 일이었으므로 보통은 하인에게 위임했습니다. 대부분은 샌들을 신고 다녔는데, 샌들은 발을 어느 정도 보호해주긴 했지만 먼지가 많은 도로와 길에서 발이 더러워지는 것을 막진 못했습니다.

발을 씻기는 것은 모두들 가장 하찮다고 생각하는 일이었습니다. 하지만 다른 사람을 섬김으로써 다른 사람을 사랑한다는 것이 무슨 의미인지를 보여주는 아주 좋은 사례가 되었습니다. 예수님은 제자들의 발을 씻기신 후 "내가 주와 또는 선생이 되어 너희 발을 씻었으니 너희도 서로 발을 씻어주는 것이 옳으니라"(요 13:14)라고 하셨습니다.

바로 그겁니다. 우리가 다른 사람을 섬김으로써 주님을 섬기려 한다면, 그것이 아무리 하찮은 일이라도 우리에게는 더 이상 하찮게 느껴지지 않을 것입니다.

영원을 위한 가장 현명한 투자

저는 한때 20대의 젊은 사업가로 살아가면서 제자도의 의미를 찾으려고 노력했던 적도 있었습니다. 십 대에 그리스도인이 되었지만, 아내가 첫 아이를 임신했다는 소식을 듣고 나서야 신앙인으로 성장하기 시작했습니다. 그것은 의심할 여지 없이 제가 깨어나는 계기가 되었습니다.

아빠가 된다는 생각에 설레면서도 겁이 났습니다. 아들이 이 세상에 태어나기를 손꼽아 기다렸지만 부모가 되는 것에 대해서는 아무것도 몰랐지요. 한 가지 확실한 것은 제가 꼭 필요한 아빠가 되려면 전적으로 하나님께 의지해야 한다는 것이었습니다.

아내와 저는 교회에 등록했습니다. 저에게 가장 중요한 사건 중 하나는 남성 성경 공부에 참여한 것이었습니다. 수십 년이 지난 지금까지도 그 모임에 참석했던 모든 형제의 이름을 기억합니다. 저는 그 모임에 참여하는 것이 좋았습니다. 저는 그 환경에서 나날이 자랐습니다.

저는 매주 성경을 공부하면서 성장했고, 그것만으로도 충분하다고 생각했던 것 같아요. 그런데 12월 중순 어느 날, 리더인 크리스가 말씀을 공부하는 것 이상으로 해야 할 일이 있다고 말했습니다. 말씀대로 살고 말씀대로 행해야 한다고요.

"좋아요, 여러분. 우리가 다른 사람을 진정으로 사랑한다는 것을 보여주기 위해 무언가를 해봅시다. 저는 우리 지역의 한 젊은 싱글맘이 어려움을 겪고 있다는 사실을 알게 되었습니다. 그녀는 낡은 이동식 주택에 살고 있으며 세 자녀에게 크리스마스 선물을 사줄 돈도 없습니다. 이제 우리가 누군가를 위해 무언가를 해야 할 때입니다."

크리스는 우리 반을 4명씩 세 그룹으로 나누었습니다. 첫 번째 그룹은 집수리 그룹이었습니다. 그 여성의 집은 수리가 절실히 필요했습니다. 고의든 아니든 크리스는 현명하게도 저를 이 그룹에 포함시키지 않았습니다. 손재주와는 거리가 먼 저를 생각하면 잘한 결정이었죠.

대신 그는 저에게 재무 그룹을 담당하게 했습니다. 제 역할은 선물, 음식, 물품을 위한 기금을 모으는 것이었습니다. 저는 동료 그룹 멤버와 몇몇 다른 사람에게서 기금을 꽤 잘 모았습니다. 하지만 다른 사람이 기부한 금액에 맞춰 저도 많은 금액을 기부해야 한

나는 그리스도인입니다

다는 확신이 들었습니다.

　아내의 축복 속에 저는 은행 계좌에서 지금까지 기부한 금액 중 가장 큰 금액을 현금으로 인출했습니다. 자금이 많지 않은 상황에서 무리하는 건 아닐까 하는 생각도 들었지만 며칠 후 그런 생각은 금세 사라졌습니다.

　젊은 엄마의 허락을 받은 집수리 그룹은 엄마가 일하는 동안 집을 수리했습니다. 그들은 또한 그녀의 작은 마당에 작은 울타리를 설치해 마무리했습니다.

　다른 사람은 엄마와 자녀 모두를 위해 쇼핑하러 갔습니다. 우리는 크리스마스 선물 목록을 요청했지만, 곧 추가해달라고 요청해야 했습니다. 그 목록이 무척 소박했기 때문입니다. 저희는 더 많은 것을 해주고 싶었습니다.

　작업이 끝나고 그녀가 퇴근해 집에 도착하길 기다렸습니다. 세 아이와 함께 차를 세웠을 때 저는 그녀의 놀란 표정을 볼 수 있었습니다. 눈물이 흘렀습니다. 밖에서 본 집의 모습을 도저히 믿을 수 없다는 표정이었습니다.

　그런 다음 안으로 들어가 남자들이 한 일을 보았습니다. 가전제품 세 대가 새것으로 교체되었습니다. 오래되고 낡은 카펫도 교체되었습니다. 캐비닛은 수리하고 다시 칠했습니다. 이것들은 우리 남성 그룹이 수리하고 추가한 것 중 일부에 불과했습니다.

　우리가 도착했을 때는 크리스마스트리가 없었지만, 지금은 거실 구석에 트리가 완벽하게 장식되어 있고 그 아래에는 네 사람을 위한 풍성한 선물이 놓여 있었습니다.

저는 모든 경비를 충당하고 남은 현금을 그녀에게 선물했습니다. 기쁨과 희망으로 가득 찬 그녀의 표정을 결코 잊을 수 없습니다. 저는 그 성경 공부 모임에서 매우 중요한 것을 배웠습니다. 우리는 풍성한 나눔을 포함하여 여러 방법으로 다른 사람을 섬길 수 있습니다. 이 주제에 대한 예수님의 가르침은 강력합니다.

너희를 위하여 보물을 땅에 쌓아두지 말라 거기는 좀과 동록이 해하며 도둑이 구멍을 뚫고 도둑질하느니라 오직 너희를 위하여 보물을 하늘에 쌓아두라 거기는 좀이나 동록이 해하지 못하며 도둑이 구멍을 뚫지도 못하고 도둑질도 못하느니라 네 보물 있는 그곳에는 네 마음도 있느니라 마태복음 6:19-21

나눔을 통한 섬김은 영원을 위한 가장 현명한 투자입니다.

착하고 충성된 종

제가 가장 좋아하는 온라인 동영상 장르 중 하나는 해외에서 군 복무 중인 사랑하는 사람과 배우자 또는 자녀가 예상치 못하게 재회하는 장면입니다. 자녀나 배우자가 바로 눈앞에 누가 있는지 깨닫는 순간은 고전적이면서도 감동적입니다. 동영상 게시물에 감정을 소모하지 않기 위해 하루에 한 개만 보지만 저는 그 재회의 순간을 여전히 사랑합니다.

그리스도인이 된다는 것은 주님의 재림을 기대하며 기다린다는 의미입니다. 언젠가 우리는 예수님을 직접 뵙게 될 것입니다. 우리가 죽어서 천국에서 그분을 만나거나 그분이 우리를 데리러 다시 오실 것입니다. 어느 쪽이든 우리는 그분을 직접 보게 될 것입니다.

그리스도인으로서 우리는 큰 기대감을 안고 재회를 고대합니다. 우리는 사랑하는 주인의 재림을 기다리는 종입니다. 기대하며 기다리지만, 그 순간은 우리가 가진 가장 큰 기대를 훨씬 뛰어넘을 것입니다.

종으로서 우리는 천국에서도 기쁨으로 그리스도와 다른 사람을 섬깁니다. 그러나 우리는 또한 영원에 들어가면 주님이시요 구세주와의 놀라운 재회를 기대합니다.

우리는 현재 예수님을 섬기는 기쁨과 다가올 날에 그분을 직접 만나는 기쁨을 모두 얻습니다. 마태복음 25장에 나오는 달란트 비유는 주인을 충실히 섬기는 종의 모습을 웅장한 그림으로 표현한 것입니다. 충실한 종은 자기가 섬긴 일에 대해 설명하도록 호출을 받습니다.

예수님은 이런 그에게 칭찬으로 가득 채우십니다.

"잘하였도다 착하고 충성된 종아"(마 25:21).

그래서 기다립니다.

간절함과 기대감으로 기다립니다.

그분을 직접 만나기를 기다립니다.

잘 섬기면 착하고 충성된 종으로 품어주시리라는 약속을 품고 기다립니다.

나는 그리스도인입니다.

주인이 돌아오기를 고대하며 기다리는 종입니다.

토론 질문

1 '둘로스'라는 단어를 성경적으로 가장 정확하게 이해하는 방법은 무엇일 까요? 어떻게 번역하는 것이 가장 정확할까요?

2 이번 주에 교회에서 어떻게 섬김의 자세를 보여줄 수 있을까요?

3 하인이 주인의 귀환을 기대하며 기다리는 것이 왜 중요한가요?

CHAPTER 5
나는 증인입니다

변호사가 친척이나 친구들에게 유언장을 낭독하는 영화나 텔레비전 드라마를 본 적이 있으신가요? 그들은 모두 긴장한 채로 자신에게 얼마의 재산이 남겨졌을지 아니면 고인에게 외면당했을지 확인하는 자리에 함께 모여 기다리고 있습니다.

꽤 극적인 장면입니다. 수혜자 이름이 호명될 때마다 유언장에 대한 그들의 반응을 봅니다. 그들은 새로 얻은 부에 감격스러워하거나, 병든 열네 살 짜리 개만 물려받게 되었다는 사실에 큰 충격을 받을 수도 있습니다. 변호사가 유언장 마지막 문장까지 읽은 후에도, 방 안에는 이름이 언급되지 않은 사람들이 몇 명 있을 수 있습니다. 그들은 기절할 듯한 침묵 속에 앉아 있거나 이기적인 분노를 폭발시킵니다.

이러한 장면에서는 대부분 몇몇 당사자가 소송을 준비한다고 위협하곤 합니다. 미스터리 드라마 장르라면, 일부 수혜자가 갑작스러운 죽음을 맞이하기도 합니다.

저도 수혜자와 유언 집행인으로서 몇 건의 유언장을 처리해본 적이 있습니다. 솔직히 영화나 TV 프로그램에서 묘사한 극적인 장면을 본 적은 없습니다. 물론 유언장을 남긴 후 그 결과를 잘 받아들이지 못하는 사람들은 있습니다.

유언과 유언장에 대해 한 가지는 알고 있습니다. 신중하게 잘 작성한다면 유언은 고인의 마음과 바람을 대변할 수 있습니다. 여러 가지 면에서 유언은 고인의 삶에서 무엇이 중요했는지 이야기를 들려줍니다. 유언의 일반적인 정의는 "신념의 표현"입니다. 유언은 고인 생전에 실제로 마음에 무엇이 있었는지를 드러냅니다.

예수님은 우리에게 마지막 유언을 남기셨습니다. 그는 이미 십자가에서 죽은 뒤, 그 죽음에서 부활하셨습니다. 그리고 하늘로 승천하기 직전에 제자들에게 몇 가지 지침을 남겼습니다. 이것이 바로 지상에서의 마지막 유언이었습니다.

참으로 중요한 부분이겠지요? 그러므로 우리는 이 말에 주의 깊게 귀를 기울여야 합니다. 우리에게 가장 널리 알려진 표현은 바로 '지상 명령'Great Commission입니다. 우리가 이를 위대하다great고 부르는 이유는 메시지의 중요성 때문입니다. 여러분과 저를 포함한 전 세대에 걸친 그리스도인에게 내려진 명령을 의미하기 때문에 우리는 이를 '명령'Commission이라고 부릅니다.

나는 그리스도인입니다

지상 명령에 대한 마태복음의 기록은 자주 인용됩니다.

예수께서 나아와 말씀하여 이르시되 하늘과 땅의 모든 권세를 내게 주셨으니 그러므로 너희는 가서 모든 민족을 제자로 삼아 아버지와 아들과 성령의 이름으로 세례를 베풀고 내가 너희에게 분부한 모든 것을 가르쳐 지키게 하라 볼지어다 내가 세상 끝날까지 너희와 항상 함께 있으리라 하시니라 마태복음 28:18-20

우리는 가서 복음을 전하라는 사명을 받았습니다. 그러면 사람들이 제자로 일어서는 성령의 역사를 보게 될 것입니다. 우리는 이 제자들에게 세례를 베풀고 가르쳐야 합니다. 그리고 우리가 가서 그리스도의 권위를 의지해 복음을 나눌 때, 그분은 모든 단계에서 우리와 함께하실 것입니다.

지상 명령과 관련된 두 가지 중요한 이슈가 있습니다. 첫째, 이것이 바로 계명이라는 사실을 기억해야 합니다. 예수님께서는 제자들에게 분명히 말씀하셨습니다. 둘째, 그 계명이 바로 제자들에게 주어졌다는 것입니다. 예수님이 이 말씀을 하셨을 때 그 자리에 있던 사람들은 순종해야 했습니다. 그리고 성령께서 미래의 성경 독자들을 위해 이 말씀에 영감을 주셨으므로 이 말씀은 예수님이 다시 오실 때까지 그분을 따르는 모든 사람에게도 계명이 됩니다.

지상 명령은 그들을 위한 것이면서, 또한 저를 위한 것이기도 합니다. 여러분에게도 해당합니다. 간단히 말해서, 우리는 예수님에게서 다른 사람에게 복음을 전하라는 명령을 받았습니다. 사도행전 1장 8절은 우리가 그리스도의 증인이 되는 것이 얼마나 중요한지를 강력하게 상기시킵니다.

오직 성령이 너희에게 임하시면 너희가 권능을 받고 예루살렘과 온 유대와 사마리아와 땅끝까지 이르러 내 증인이 되리라 하시니라.

예수님의 말씀에는 망설임이 없습니다. 명확하지 않은 부분이 전혀 없습니다. 우리는 그분의 증인이 되어야 합니다. 그리스도인으로서 우리에게는 선택의 여지가 없습니다. 다음 구절을 놓치지 마세요. "이 말씀을 마치시고 그들이 보는데 올려져 가시니 구름이 그를 가리어 보이지 않게 하더라"(행 1:9).

맞습니다. 사도행전 1장 8절은 예수님께서 승천하시기 전 마지막으로 남기신 말씀이라는 의미입니다. 이 말씀은 예수님의 마지막 유언이자 명령이었습니다. 그렇기에 증인이 되는 것이 얼마나 중요한지 알 수 있습니다.

예외도 없고, 뒷문도 없다

어렸을 때 아들들에게 "내가 그렇게 말했으니까, 그래서…"라는 말을 얼마나 많이 했는지 모르겠습니다. 대개 끝없이 이어지는 이유에 대한 응답이었습니다.

"왜 양치질을 해야 하나요?"

"왜 잠자리에 들어야 하나요?"

"왜 손을 씻어야 하나요?"

"왜 동생의 머리를 자르지 말아야 하나요?"

(수십 년 전, 아들들이 몇 년 동안 실제로 던졌던 질문입니다.)

어린아이들은 항상 이유를 알고 싶어 하고 부모는 거기에 친절하게 설명도 해주지만, 예수님은 우리가 왜 그분의 증인이 되어야 하는지에 대해 왜 그래야 하는지 의심할 여지를 조금도 남기지 않으셨습니다.

최후의 만찬에서 예수님은 십자가에 달리시기 전에 마지막으로 제자들을 모으셨습니다. 제자들이 앞으로 일어날 일을 확실히 이해하길 원하셨습니다. 곧 떠날 것이라고 말씀하셨지만 제자들은 주님이 가신다는 사실을 제대로 이해하지 못했습니다. 예수님은 자신이 어디로 가는지 제자들이 알길 원하셨을 뿐만 아니라 제자들이 어떻게 그곳에서 주님과 함께할 수 있는지 이해하길 원하셨습니다. 그는 그들에게 영원한 집에 대해 걱정하지 말라고 하시면서 말씀을 시작했습니다.

> 너희는 마음에 근심하지 말라 하나님을 믿으니 또 나를 믿으라 내 아버지 집에 거할 곳이 많도다 그렇지 않으면 너희에게 일렀으리라 내가 너희를 위하여 거처를 예비하러 가노니. 요한복음 14:1-2

이는 분명히 그들을 기다리실 천국을 언급하시는 것이었습니다. 예수님은 그들을 위해 천국을 준비하고 있으며 그들을 위해 돌아올 것이라고 덧붙였습니다.

가서 너희를 위하여 거처를 예비하면 내가 다시 와서 너희를 내게로 영접하여 나 있는 곳에 너희도 있게 하리라 내가 어디로 가는지 그 길을 너희가 아느니라. 요한복음 14:3-4

그러나 제자 중 적어도 한 명은 이를 좀 더 명확하게 해달라고 간청했습니다.

도마가 이르되 주여 주께서 어디로 가시는지 우리가 알지 못하거늘 그 길을 어찌 알겠사옵나이까. 요한복음 14:5

도마가 자기 생각을 말한 것인지, 아니면 다른 제자들로부터 비슷한 질문을 들었는지는 알 수 없습니다. 어느 경우든 예수님은 강력하고 명확하게 대답하십니다. "내가 곧 길이요 진리요 생명이니 나로 말미암지 않고는 아버지께로 올 자가 없느니라"(요 14:6).

잠시 멈춰 서서 그 말씀을 음미해봅시다. 여기에는 어떤 모호함도 없습니다. 주저함이 없습니다. 예수님은 분명하고 단호하게 말씀하십니다. 그분만이 유일한 구원의 길입니다. 그분만이 천국으로 가는 유일한 길입니다. 예수님을 믿지 않고는 아무도 천국에

갈 수 없습니다.

이 주장에 대해 신학적으로는 배타주의를 취합니다. 천국으로 가는 길은 좁고 절대적이기 때문입니다. 오직 예수님을 통해서만 가능합니다.

예수님에 대한 좋은 소식을 전하는 증인이 왜 그렇게 중요할까요? 그분만이 유일한 구원의 길이기 때문입니다. 예외 조항은 없습니다. 뒷문도 없습니다. 그분만이 길이십니다.

따라서 예수님은 "왜?"라는 질문에 명확하고 확신 있게 답하십니다. 그분만이 유일한 구원의 길이기 때문입니다. 다른 사람에게도 똑같이 말해야 합니다. 신자들은 이웃에게 예수님을 전하도록 명령받았습니다. 우리는 그분의 증인이 되어야 합니다.

이 명령의 긴급성을 이해하시나요? 우리는 복음을 전할 모든 기회에 응답해야 합니다. 다른 사람에게 자신의 구원에 관한 이야기를 들려주어야 합니다. 우리는 증인이 되어야 합니다.

고등학교 풋볼 코치였던 조 헨드릭슨이 저에게 복음을 전한 이야기를 여러 차례 들려드렸습니다. 그는 단순히 저와 이야기를 나누기 위해 자기 사무실에서 만나자고 요청했습니다. 그는 저에게 예수님만이 유일한 구원의 길이라고 말했습니다. 그리고 어떻게 하면 죄를 회개하고 그리스도를 믿을 수 있는지 알려주었습니다. 그는 저에게 그렇게 해보라고 도전했습니다.

그날 밤, 저는 기도하며 자신을 그리스도께 헌신했습니다. 정확히 무슨 기도를 했는지는 기억나지 않지만, 저는 죄를 고백하고 회개해야 하는 죄인임을 알았습니다.

예수님이 나를 위해 형벌을 받으시기 위해 십자가에서 죽으셨다는 것을 믿어야 함을 알았습니다. 그리고 그분이 무덤에서 부활하셨을 때 죽음을 정복하셨다는 것도 알았습니다.

조 코치는 저에게 증인이었습니다. 그는 제가 그리스도를 유일한 구원의 길로 받아들이길 원했습니다. 그래서 그렇게 했습니다. 십 대 소년 시절, 저는 그리스도를 유일한 구원의 길로 받아들였습니다. 그리고 다른 사람에게 그 진리의 증인이 되어야 한다는 것을 알았습니다.

주님의 권위를 부여받다

저는 제 삶이 매일 그리스도를 증거하는 흐름 속에 있다고 말할 수 있기를 바랍니다. 저에겐 일관성이 없다고 할 수밖에 없기 때문입니다. 우선순위가 너무 자주 뒤섞입니다.

하지만 저는 더 이상 "할 수 없다"라고 말하지 않습니다. "할 수 없다"라는 말은 증인이 될 기회도 능력도 없다는 뜻입니다. 제가 배운 것은 이것과는 다릅니다.

예수님께서 제자들에게 지상 대명령을 주실 때 "하늘과 땅의 모든 권세를 내게 주셨으니"(마 28:18)라고 말씀하셨습니다. 따라서 증거할 때 우리는 자신의 지식이나 권위에 의존하는 것이 아니라 만왕의 왕이 주신 권위를 부여받았습니다.

예수님도 "볼지어다 내가 세상 끝날까지 너희와 항상 함께 있으리라"(마 28:20)라고 말씀하셨습니다. 우리가 그분을 대신하여 증언할 때 우리는 혼자가 아닙니다. 오히려 예수님은 바로 우리 곁에 계십니다. 그분은 우리의 권위자이자 힘입니다. 따라서 할 수 없다는 것은 내가 풀어야 할 방정식이 아닙니다. 안 된다고요? 그럴지도 모르죠. 못한다고요? 내 힘으로는 절대로 못 하죠.

분명히 말씀드리지만, 하나님께서는 우리가 그리스도의 증인이 되는 데 필요한 모든 것을 주십니다. 인간의 웅변이나 인간 중심의 용기가 필요하지 않습니다. 복음을 전할 때 예수께서 함께하시고 우리에게 힘주실 것을 계속 의지하세요. 그분은 그 기도에 매번 응답해주실 것입니다.

우리가 그리스도를 증거하려면 분명히 누군가가 있어야 하겠지요. 그렇다면 기꺼이 내 이야기를 들어줄 사람을 어떻게 찾을 수 있을까요? 우리는 어떤 단계를 거쳐야 할까요?

첫째, 관계를 발전시켜야 합니다. 이러한 '관계'는 비행기를 타거나 이발하는 시간처럼 매우 짧을 수도 있고, 친구나 동료 사이와 같이 오래 지속될 수도 있습니다. 일상에서 만나는 다양한 사람들과 관계 맺는 것부터 시작해야 합니다.

짧은 만남이더라도 방법에 따라 지속적인 관계로 발전할 가능성이 있습니다. 같은 스타일리스트에게 머리 손질을 맡길 수도 있습니다. 정기적으로 연락하는 서비스 담당자를 정할 수도 있습니다. 예를 들어 제이슨은 몇 년 동안 제 마당을 깎아주고 있습니다. 그는 아직 신자는 아니지만, 저는 여전히 하나님께서 그와 함께 복음을 나눌 기회를 주시길 기도합니다. 매트는 저를 위해 일하는 허드렛 일꾼입니다. 저는 그와 여러 차례 대화를 나눌 기회가 있었습니다.

둘째, 불신자와의 관계는 언젠가는 복음에 대한 대화가 가능한 수준으로 발전해야 합니다. 여러분이 어떻게 크리스천이 되었는지 나눌 기회가 잠시라도 주어질 수 있습니다. 하나님께 그러한 기회를 달라고 간구할 때, 우리는 성령의 인도하심과 그분이 우리에게 말씀하실 타이밍에 민감하게 반응해야 합니다.

우리가 순종하는 한 하나님께서 기회를 주실 것이라고 저는 믿습니다. 우리는 그 기회를 기꺼이 붙잡아야 합니다. 우리는 언제 말을 꺼내야 할지 기회를 얻기 위해 성령에 민감해야 합니다. 그리고 성령께서 적절한 때에 적절한 말씀을 주실 것을 믿어야 합니다.

저는 우리가 멈추지 않고 주위 사람들에게 예수님에 관해 말하게 되기를 바랍니다.

초대라는 간단한 행동이 가져올 변화

진의 사례를 보겠습니다. 그는 그리스도를 따르는 사람입니다. 실제로 그의 담임 목사에 따르면 진은 교회에서 가장 헌신적인 제자

중 한 명입니다.

"진은 오랫동안 일관성 있게 그리스도와 동행하고 있습니다"라고 목사는 말했습니다. "우리 교회가 지역사회에서 더 강력한 복음의 영향력을 발휘하게 하는 일에 헌신하고 있습니다."

목사는 계속해서 "솔직히 진과 같은 사람이 흔치는 않습니다. 그는 다른 사람을 돕고자 하는 열망이 강하고, 복음을 전하려는 열정으로 가득합니다."

진은 40대에 동료의 권유로 교회 예배에 초대받은 후 그리스도인이 되었습니다. 그 동료는 진을 교회에 초대했을 뿐만 아니라 예배가 끝난 후 점심 식사에도 초대했습니다. 진은 최근에 고통스러운 이혼을 겪었기 때문에 자신의 마음을 알아봐주는 그리스도인 친구의 방문을 반겼습니다.

그때부터 진은 정기적으로 예배에 참석하기 시작했고, 동료가 다니는 공동체 소그룹에 가입했습니다. 진이 그리스도의 제자가 되기로 했을 때 놀라는 사람은 많지 않았습니다. 하지만 그가 영적으로 빠르게 성장하기 시작하면서 사람들은 무척 놀랐습니다.

교회에 초대받은 지 3년이 지나서 그는 교회의 지도자로 세워졌습니다. 이제 그는 지역사회에서 복음을 전합니다. 사람들을 교회로 초대합니다. 그중 많은 사람이 그리스도를 따르기 시작했습니다. 이 모든 것이 한 동료의 평범한 초대로 시작되었습니다.

몇 년 전, 처치 앤써스 팀은 교회에서 활동을 하지 않는 사람들에 관해 연구 프로젝트를 수행했습니다. 알고 보니 그중 대부분은 그리스도인이 아니었습니다. (모든 연구 결과는 제 책 《교회 다니지 않는 이웃들》*The Unchurched Next Door*에서 확인할 수 있습니다.) 그리고 놀랍게도 교회에 다니지 않는 사람 4명 중 거의 3명이 초대를 받으면 예배에 참석할 의향이 있다고 답했습니다. 이것을 마음속에 간직하길 바랍니다. 다시 말하겠습니다. 교회에 다니지 않는 응답자 4명 중 3명은 초대를 받으면 교회에 가겠다고 답했습니다.

이 조사는 몇 년이 지났지만, 교회에 누군가를 초대하는 것이 여전히 중요하다는 증거가 있습니다. 응답률이 여전히 높기 때문입니다. 진의 이야기는 그러한 사례 중 하나입니다. 성령께서는 한 사람을 사용하여 상처받은 친구를 교회로 초대하셨습니다. 이제 그 사람은 그리스도를 위해 불타고 있습니다. 이제 그 사람은 다른 사람을 초대하고 그리스도를 이야기합니다.

누군가를 교회에 초대하는 간단한 행동이 영원한 변화를 가져오는 경우는 많습니다. 진처럼 누군가가 자기에게 먼저 나서주기를 기다리고 있을지도 모릅니다. 다른 사람을 교회에 초대하는 것을 주저하지 마세요.

전도와 기도를 분리할 수 없다

평범한 기도회가 아니었습니다. 베드로와 요한은 제사장들과 장로들로부터 감옥에서 막 풀려나 예루살렘의 다른 신자들과 함께 기뻐하며 돌아왔습니다(행 4:23). 예수를 따르던 초기 제자들은 복음을 전해야 한다는 것을 알고 있었습니다. 그들은 예수님께서 지상에서 마지막으로 남기신 말씀이, 증인이 되라는 명령이었다는 것을 알았습니다(행 1:8). 또한, 그들이 힘을 얻을 수 있는 유일한 방법은 기도를 통해 성령님을 의지하는 것이라는 사실도 잘 알고 있었습니다.

그들은 적대적인 문화 속에서 증인이 될 수 있는 용기를 달라고 기도했습니다. 그들은 담대하게 복음을 전할 수 있도록 기도했습니다. 그들은 권능을 달라고 기도했습니다. 사도행전 저자 누가는 이 기도가 끝났을 때 일어난 일을 이렇게 기록하고 있습니다. "빌기를 다하매 모인 곳이 진동하더니 무리가 다 성령이 충만하여 담대히 하나님의 말씀을 전하니라"(행 4:31).

그들은 삶을 변화시키는 하나님의 능력을 증거하는 증인이었습니다. 하나님께서 그들의 기도에 응답하셨기 때문에 그들은 자신감 있게 나아갔습니다.

우리는 전도와 기도를 분리할 수 없습니다. 우리는 자신의 지혜와 힘으로 증거하려고 해서는 안 됩니다. 기도 없는 전도는 열매를 거의 맺지 못합니다. 하지만 기도로 가득 찬 전도는 놀랍도록 풍성한 열매를 맺습니다.

그렇다면 더 나은 증인이 되기 위해 어떻게 기도해야 할까요? 다음은 몇 가지 제안입니다.

5장. 나는 증인입니다

- 기회를 얻기 위해 기도하세요. 매일 아침 잠에서 깨어나면서 이렇게 기도하기 바랍니다. "주님, 오늘 제가 그리스도의 사랑을 나눌 수 있는 사람들을 제 길로 인도해주세요." 이 기도를 정기적으로 하는 사람들에게서 놀라운 소식을 들었습니다. 한 친구의 간증은 특히 인상적이었습니다. "하나님께서 제 길에 사람들을 두시는 건지 아니면 이미 있는 사람들에게 눈을 뜨게 하시는 건지는 모르겠지만, 거의 매일 축복이 되었습니다."
- 비그리스도인을 위해 기도하세요. 하나님께서 인류의 잃어버린 삶에 대해 여러분의 마음과 눈을 열어주실 때, 비그리스도인들의 이름을 부르며 기도하세요. 성령께서 그들에게 구세주가 필요하다는 확신을 주시도록 기도하세요.
- 사람들이 여러분의 초대를 수락할 수 있도록 기도하세요. 앞서 진에 대해 말씀드린 것과 비슷한 이야기는 오랜 세월 많은 이들의 삶에서 꾸준히 반복되어왔습니다. 누군가가 교회 초대를 수락하면 여러 가지 방법으로 복음을 접하게 될 가능성이 높아집니다.
- 담대함을 위해 기도하세요. 저는 내성적입니다. 복음을 전하는 것은 고사하고 사람들과 평범한 대화를 이어가는 것조차 버겁습니다. 하지만 하나님께서는 제가 할 수 없다고 생각할 때에도 계속 담대함을 주셨습니다. 그러므로 이것은 제 힘이 아니라 순전히 그분의 능력입니다.
- 여러분의 목회자와 교회 지도자들이 증인이 되도록 기도하세요.

나는 그리스도인입니다

목회자와 교회 지도자들은 소명의 특성상 다른 사람에게 복음을 전할 기회가 많이 주어집니다. 그들이 그러한 기회를 분별할 수 있도록 그리고 그러한 기회를 발견했을 때 담대하게 선포할 수 있도록 기도해주세요.

이것은 몇 가지 예에 불과합니다. 하나님께서 더 나은 증인이 되기 위한 당신의 기도에 더 큰 통찰력을 주시도록 기도합니다.

토론 질문

1 그리스도를 위한 증인이 되는 일의 우선순위를 이해하는 데 요한복음 14장 6절이 왜 그토록 중요할까요?

2 교회에 누군가를 초대하는 것이 어떻게 해서 전도의 문을 여는 좋은 방법이 될 수 있을까요?

3 더 나은 증인이 되기 위해 기도하기 시작했다면, 하나님께 구체적으로 무엇을 구하고 싶으신가요?

CHAPTER 6
나는 기도하는 전사입니다

저는 매년 여름마다 플로리다 걸프 연안에 갔습니다. 아버지는 다른 곳으로 휴가를 떠나고 싶어 하지 않으셨죠. 우리 가족은 그곳을 사랑했고 그곳 사람들을 사랑했습니다. 그래서 신학교 마지막 해에 세인트피터즈버그의 한 교회에서 목회자를 구한다는 소식을 들었을 때 저는 흥분했습니다. 제가 정말 관심이 있는지 그들도 살피는 중이었습니다.

네, 정말 관심이 많았어요. 어렸을 때 휴가는 모두 플로리다 팬핸들에서 보냈고, 세인트피터즈버그는 낯설었지만, 그럼에도 걸프 연안에 있었기 때문이죠. 게다가 피넬러스 카운티의 인구는 85만 명에 달했고 90% 이상이 교회에 다니지 않았습니다. 따라서 세인트피터즈버그는 천국의 한 조각이자 선교지였습니다.

교회 자체는 다른 이야기였습니다. 출석률은 급격히 감소했습니다. 재정이 너무 나빠서 생활비도 겨우 지급할 수 있을 정도였죠. 다섯 식구인 저희 가족에게는 특히 힘든 시기였습니다.

청빙 위원회 책임자는 제가 관심을 보인 것에 놀랐습니다. 두 번째 편지에서 그녀는 "당신이 왜 우리 교회에 관심을 갖는지 정말 알 수 없습니다"라고 말했습니다. 적어도 그녀는 정직했습니다.

교회에서 사역을 시작하기 몇 주 전에 저는 릴리안을 만났습니다. 교회에서 그녀의 공식 직책은 '기도 사역 코디네이터'였지만, 그 직책으로는 그녀가 하는 일을 제대로 표현할 수 없었습니다.

릴리안과 다른 몇몇 성도는 제가 목회자 후보생이 되기 전부터 저를 위해 기도하기 시작했습니다. 릴리안은 교회와 저를 위해 매일, 때로는 하루에 여러 번 기도했다고 말했습니다. 때로는 교회에서 몇 시간 동안 기도만 하기도 했어요.

이렇게 열렬히 기도하는 사람을 본 적이 거의 없습니다. 기도의 힘에 그렇게 감동받은 적이 거의 없습니다. 교인의 기도로 목회자가 그보다 더 큰 축복을 받은 사례를 찾기 힘들 정도였습니다.

교회는 성장했습니다. 성장세는 실로 눈부셨습니다. 많은 사람이 그리스도를 따르게 되었습니다. 우리가 지역사회에 미친 영향은 놀라웠습니다. 흥분은 이루 말할 수 없었습니다. 단결력은 타의 추종을 불허했습니다. 함께 섬기던 교인들은 제가 그곳에서 사역하던 시절을 종종 "영광의 시절"이라고 말합니다.

하지만 저는 더 잘 알고 있습니다.

이번 일과 저는 거의 관련이 없다고 말할 때 일부러 겸양을 보이려고 한 것은 아닙니다. 사실 제 기도는 방해가 되지 않게 해달라는 것이었습니다. 저는 하나님 백성이 기도할 때 하나님께서 어떤 일을 행하시는지 보았습니다. 하나님께서 기도에 어떻게 응답하시는지 보았습니다. 저는 목회자와 교회에 주시는 기도의 전사라는 귀한 선물을 받았을 뿐이었습니다.

그 시절은 정말 영광스러운 날이었고, 의심할 여지없이 그 영광은 모두 하나님의 것이었습니다.

여러 성도를 위하여 구하라

'기도하는 전사'라는 용어는 어떤 사람들에게는 신기한 표현입니다. 저는 이 말을 릴리안에게서 처음으로 들었습니다. 군사적인 언어와 기도라는 신성한 행위를 결합한 느낌이었습니다.

그 말이 맞는 것 같습니다.

사도 바울은 우리가 싸우는 영적 싸움을 설명할 때 비슷한 표현을 사용했습니다.

끝으로 너희가 주 안에서와 그 힘의 능력으로 강건하여지고 마귀의 간계를 능히 대적하기 위하여 하나님의 전신 갑주를 입으라 우리의 씨름은 혈과 육을 상대하는 것이 아니요 통치자들과 권세들과 이 어

둠의 세상 주관자들과 하늘에 있는 악의 영들을 상대함이라. 에베소서 6:10-12

우리는 실제로 전투, 즉 실제적이고 강력한 영적 전쟁을 치르고 있습니다. 바울은 그리스도인들에게 하나님의 전신갑주를 입고 기도하라고 말합니다. 몇 분 동안만 그렇게 하라는 것이 아니라 지속적으로 기도하라고 말합니다.

모든 기도와 간구를 하되 항상 성령 안에서 기도하고 이를 위하여 깨어 구하기를 항상 힘쓰며 여러 성도를 위하여 구하라. 에베소서 6:18

마지막으로 바울은 에베소교회 신자들에게 자신을 위해 기도해달라고 요청합니다.

또 나를 위하여 구할 것은 내게 말씀을 주사 나로 입을 열어 복음의 비밀을 담대히 알리게 하옵소서 할 것이니. 에베소서 6:19

이해되시죠? 기도는 중요합니다. 사실 기도는 우리가 이 위대한 전투에서 하나님을 위해 그리고 하나님과 함께 싸울 때 반드시 필요한 우리의 영적 무기입니다.

당신은 전투 중입니다. 당신은 기도하는 전사입니다.

나는 그리스도인입니다

복음의 비밀을 위해 기도하기

기도는 모든 성공적인 전도를 가능케 하는 힘입니다. 기도 없는 전도는 실제로 무력합니다. 기도는 다른 사람에게 복음을 전할 기회를 열어줍니다.

기도는 성령께서 복음을 전할 때 할 수 있는 올바른 말을 주시도록 도와줍니다. 이 구절을 다시 살펴볼까요? "또 나를 위하여 구할 것은 내게 말씀을 주사 나로 입을 열어 복음의 비밀을 담대히 알리게 하옵소서 할 것이니"(엡 6:19).

바울은 말씀을 증거하기를 기도하고 또한 담대함을 위해 기도합니다. 우리도 그래야 합니다.

목회자를 위해 기도하기

한 목회자가 설교를 시작하기 몇 분 전에 문자 메시지를 받았다고 상상해보세요. 예배 초반에 목사는 새 직원의 부임을 발표했고, 교회는 이를 축하했습니다(적어도 대부분 교인은 그렇게 생각했습니다). 그런데 한 교인이 목회자에게 새 직원의 직책에 반대하는 문자를 보내기로 했습니다.

목회자가 그 문자메시지를 확인한 후 설교를 하기 위해 일어납니다. 그가 강단에 올라갈 때 얼마나 낙담하고 의기소침해졌을지 생각해보세요. 내부 비판자의 목소리는 멈추지 않고, 그 타이밍도 끔찍합니다.

이 목회자도 수십만 명의 다른 목회자들처럼 비판과 제안, 비교 속에 파묻혀 지냅니다. 이런 비판은 결코 멈추지 않고 항상 그들을 낙담하게 합니다.

우리는 비판자들을 막을 수는 없지만 목회자들을 위해 기도할 수는 있습니다. 그들에게 힘과 지혜, 은혜를 달라고 기도할 수 있습니다. 목회자들이 감정적 어려움을 겪을 때 그들을 위해 기도할 수 있습니다.

그들은 새 생명을 축하하는 자리에 갔다가 곧바로 친구 장례식에 참석해야 하기도 합니다. 결혼생활이 좋아지는 것도 보고, 무너지는 것도 봅니다. 사람들이 그리스도를 따르는 것도 보지만, 죄에 빠지는 것도 봅니다. 교회가 성장하는 것을 보면서도 쇠퇴하는 것도 눈에 들어옵니다. 그들은 설교할 때 산꼭대기 순간을 경험하기도 하고, 계곡으로 곤두박질치기도 합니다.

"일주일에 한 번씩은 감정의 롤러코스터를 타기도 합니다"라고 한 목회자는 처치 앤써스 팀에 털어놓았습니다. "하지만 때로는 그런 침체가 며칠 연속으로 오기도 합니다. 정말 지치죠." 여러분은 목회자를 위한 기도의 전사로 부름받았습니다. 설교 사역을 위해 기도하는 것부터 시작하세요. 목회자의 설교 준비를 위해 기도하세요. 그들이 전한 메시지를 하나님께서 축복하시고 당신을 포함하여 성도를 위해 사용하실 것입니다.

나는 그리스도인입니다

목회자처럼 1년에 50~100회 이상 말씀을 전해야 하는 사람은 많지 않습니다. 하나님의 말씀이 능력으로 전파될 수 있도록 간절히 기도하세요. 상담사, 중재자, 전도자, 사업가, 청소부 등 다양한 역할을 함께 맡고 있는 목회자들을 위해 기도해주세요. 자기 힘과 능력, 지혜만으로는 사역할 수 없습니다. 하나님께서 이 모든 것과 그 이상을 주시도록 기도하세요.

릴리안은 세인트피터즈버그에서 제 기도의 전사였습니다. 그녀의 신실한 중보기도가 없었다면 그 교회를 이끌지 못했을 것입니다. 버밍엄의 한 교회에서 봉사할 때 프란시스는 제 기도 전사였습니다. 놀랍게도 그녀는 매일 정오에 백 명 이상의 사람들을 조직하여 저를 위해 기도했습니다. 프란시스는 그들에게 몇 초만 잠시 멈추고 담임 목사를 위해 기도해달라고 부탁했습니다. 그리고 그들은 그렇게 했습니다. 저는 알 수 있었습니다. 실제로 그런 날은 제 인생과 사역에서 가장 강력한 날들이었습니다.

신약성경에서 사도 바울은 여러 번 지역 교회에 기도를 요청합니다. 예를 들어, 그는 빌립보 교회에 이렇게 요청합니다. "이것이 너희의 간구와 예수 그리스도의 성령의 도우심으로 나를 구원에 이르게 할 줄 아는 고로"(빌 1:19). 바울은 교인들의 기도 없이는 교회를 이끌 수 없다는 것을 알고 있었습니다. 여러분의 목회자도 마찬가지로 당신의 기도가 필요합니다.

목회자가 여러분으로부터 받을 수 있는 가장 큰 선물은 바로 기도입니다.

"주님, 여기 주님을 주님과 구세주로 알지 못하는 사람이 있다면 오늘이 구원의 날이 되길 기도합니다."

한 집사님이 거의 매주 같은 기도를 하는 것을 들었습니다. 분명히 말하지만, 저는 그 집사나 그의 기도를 판단하고 싶지는 않지만, 그가 다른 사람에게 복음 전한다는 소식은 한 번도 듣지 못했습니다. 왜 그분이 그렇게 꾸준히 기도했는지 궁금합니다. 하지만 그는 다른 사람에게 예수님을 전할 수 있도록 인도해달라고 하나님께 기도한 적은 없는 것 같았습니다.

예수님께서 여리고에 들어가셔서 무화과나무에 있는 삭개오를 보셨습니다. 삭개오는 마을에서 가장 인기 없는 사람 중 하나였습니다. 그는 지역 전체의 세금을 거두는 세리였기 때문에 모든 사람에게 손가락질을 받고 있었습니다. 그는 예수님을 더 자세히 보려고 나무에 올라갔습니다.

예수님께서 그런 삭개오를 보시고 나무에서 내려와 그의 집에서 자신을 손님으로 맞으라고 하셨을 때 사람들은 별로 반기지 않았습니다. "뭇 사람이 보고 수군거려 이르되 저가 죄인의 집에 유하러 들어갔도다 하더라"(눅 19:7).

그러나 예수님은 그런 비판자들의 말을 듣고 "인자가 온 것은 잃어버린 자를 찾아 구원하려 함이니라"(눅 19:10)라고 대답하셨습니다.

이 말씀에 담긴 중요성을 이해하십니까? 예수님은 자신의 사명이 잃어버린 자를 구원하는 것임을 분명히 하셨습니다. 우리의 사명은 오늘날 그리스도의 대사로서 같은 일을 하는 것입니다. 우리는 기도해야 하고 복음을 전해야 합니다. 이 두 가지 일은 분리할 수 없습니다.

모든 교회가 잃어버린 자를 위한 기도 사역에 집중한다면 저의 기쁨도 넘칠 것입니다. 안타깝게도 많은 교회가 그렇게 하지 않습니다. 하지만 여러분은 이 해결책에 동참할 수 있습니다. 교회가 잃어버린 자들에게 다가갈 수 있도록 기도할 수 있습니다. 그들의 이름을 하나하나 부르며 기도할 수 있습니다.

실제로 대부분 교회가 성도의 육체적 필요를 위해 그 이름을 부르며 기꺼이 기도하지만 하나님과 영원한 분리에 직면한 사람들을 위해 다급한 마음으로 기도하는 경우는 거의 없습니다.

기도의 전사가 되세요. 잃어버린 자들을 위해 기도하세요.

상처를 치유하는 기도 사역

몇 년이 지나도 코로나19 팬데믹을 겪은 사람들은 결코 잊지 못할 것입니다. 코로나19는 사람들에게 신체적, 정서적, 영적으로 영향을 미쳤습니다.

하지만 코로나19에 대한 긍정적인 반응도 많았습니다. 그중

상당수는 교회에서 나왔습니다. 이 교회들은 기도의 힘을 새롭게 배웠습니다.

텍사스의 한 목회자는 교인 대부분이 이웃에 사는 사람들을 잘 모른다고 말했습니다. 그 목사 자신도 가까운 지역사회 사람들과 접촉이 그리 많지 않았다고 인정했습니다.

그러던 중 팬데믹이 닥쳤습니다. 그의 교회도 다른 교회와 마찬가지로 자가격리 기간에 들어갔습니다. 예배는 온라인으로 생중계했지만, 대면 예배는 완전히 중단되었습니다. 한 교인이 이웃의 소셜미디어 페이지를 방문하기로 했습니다. 그리고 누구든지 요청하는 사람을 위해 기도하겠다고 했습니다. 반응은 즉각적이고 차고 넘쳤습니다. 실제로 너무나 많은 이웃이 기도를 요청해서 그녀는 다른 교인에게 기도를 도와달라고 요청해야 했습니다.

교회는 기도 요청에 응답하고 후속 조치를 취하기 위해 기도 사역을 시작했습니다. 기도 요청 페이지를 교회 웹사이트로 옮겼고, 기도 요청은 계속 쏟아졌습니다.

"제 남편을 위해 기도해주세요. 남편이 중환자실에 있어요."

"저를 위해 기도해주세요. 회사에서 저를 해고했어요."

"기도해주세요. 저는 우울증과 싸우고 있습니다. 도움이 필요합니다."

"이 사실이 공개되기를 원치 않지만 제 결혼생활이 무너지고 있습니다. 저를 위해 기도해주세요."

"다음에 무슨 일이 일어날지 너무 두렵습니다. 이 팬데믹 기간 동안 우리는 연이어 전투를 치렀습니다. 계속 버틸 수 있을지 모르겠어요."

"나이가 너무 많아 밖에 나가서 장을 보는 것이 두렵습니다."

이런 상황이 이해되시죠? 팬데믹의 비극은 역설적으로 교회에 강력한 기도 사역을 탄생시켰습니다. 하지만 교인들은 기도 이상의 일을 했습니다. 필요한 것이 있으면 직접 그 필요를 채우기 위해 할 수 있는 모든 일을 했습니다. 식료품이 필요한 어떤 할머니에게는 매주 두 봉지의 먹거리가 현관으로 배달되었습니다. 한 그리스도인 상담사는 수십 명의 이웃과 줌Zoom으로 만났습니다. 가능하면 교인들은 도움이 절실한 사람들을 돕기 위해 기금을 모금했습니다.

담임목사는 하나님께서 성도들을 통해 하시는 일을 보고 교회가 다시 모이기 시작했을 때 사역을 지속할 수 있도록 핵심 리더십을 제공했습니다. 다시 모인 교회는 자신들을 위해 기도해준 교회를 방문하기로 한 이웃들을 환영했습니다. 교회는 팬데믹 기간 동안 필요한 것을 발견하고 상처받은 이들을 위해 기도했습니다. 그리고 그들은 격리가 끝났다고 해서 도움이 필요 없는 상태가 되었다는 의미가 아님을 금방 깨달았습니다.

이제 이 교회는 지역사회에서 "상처받은 사람들을 돕는 교회"로 알려져 있습니다. 기도로 사역이 시작되었으며, 지금도 기도로 계속되고 있습니다.

저의 첫 교회 상담은 끔찍했습니다. 그게 상담인지 몰랐다고 말해야 할지도 모르겠습니다. 지역사회의 한 동료 목회자가 교회가 쇠퇴하는 이유를 알려달라고 했습니다. 제가 보기에 문제는 분명했습니다. 교회 인구 통계가 지역사회 인구 통계와 달랐기 때문이었습니다.

문제를 정의하는 것은 쉬웠습니다. 하지만 해결책을 찾는 것은 또 다른 문제였습니다. 이런 과제의 본질은 교인들이 어떤 계획, 특히 문제를 해결할 수 있는 계획에 동의하도록 하는 것이었습니다. 한번은 많은 교인과 함께 모인 자리에서 말다툼이 벌어진 적도 있었습니다. 해결책을 찾다가 오히려 다른 문제가 발생하고 있었습니다. 교회의 단합을 방해하고 있었죠.

하나님의 능력 안에서 교회가 연합하면 무엇이든 할 수 있습니다. 그러나 교회가 하나 되지 않으면 아무것도 할 수 없습니다. 하나님은 분열을 기뻐하지 않으시기 때문입니다.

거의 40년 동안 사역하면서 수백 번의 교회 상담을 통해 저는 교회에 가장 필요한 것은 연합, 특히 성령 안에서 하나 됨이라고 확신합니다.

한 교회 지도자 그룹과 상담 중에 비슷한 말을 한 적이 있습니다. 지도자 중 한 명은 교인들이 특정 조건을 충족한다면 교회 연합에 찬성한다고 말했습니다. 다시 말해, 자신이 원하는 방식으로 모든 것을 한다면 찬성이라는 뜻이지요. (오, 이런.)

연합을 기꺼이 받아들인다는 것은 우리가 선호하는 것을 포기하거나 최소한 다른 사람의 필요와 선호를 자신보다 우선시한다는 것을 의미합니다. 예배 음악 스타일, 시설 장식, 설교 길이, 소그룹 접근 방식, 예산 지원 사역의 종류, 예배 순서 같은 것도 여기에 포함됩니다. 요점은 아시겠죠? 대부분의 결정은 교리 문제와 관련된 것이 아니라, 회원들의 선호도와 욕구를 반영합니다.

바울은 여러 교회에 편지를 쓸 때 종종 연합을 간청했습니다. 그는 교회의 하나 됨이 교회의 힘과 사역 효과를 크게 좌우한다는 것을 알았습니다. 감옥에서 쓴 편지에서도 바울은 에베소 교회가 하나 되기를 간절히 바라고 있습니다.

주 안에서 갇힌 내가 너희를 권하노니 너희가 부르심을 받은 일에 합당하게 행하여 모든 겸손과 온유로 하고 오래 참음으로 사랑 가운데서 서로 용납하고 평안의 매는 줄로 성령이 하나 되게 하신 것을 힘써 지키라 몸이 하나요 성령도 한 분이시니 이와 같이 너희가 부르심의 한 소망 안에서 부르심을 받았느니라. 에베소서 4:1-4

이 부르심에 비추어 볼 때 우리는 어떻게 살아야 할까요?

첫째, 우리는 고독한 그리스도인이 아니라는 점을 분명히 이해해야 합니다. 바울이 동료 신자들에게 편지를 쓸 때의 대상은 대부분 회중이나 회중 지도자를 상대로 하는 것이었습니다. 지역 교회 일원이 되는 것은 매우 중요합니다. 교회에 속하지 않는다면 교회 안에서 연합을 생각할 수도 없습니다.

둘째, 나보다 다른 사람을 먼저 생각하세요. 고린도전서 13장 사랑장은 고린도교회에서 어려움을 겪는 회중에게 사랑으로 하나 되기를 간청하기 위해 특별히 쓰였음을 기억하길 바랍니다.

마지막으로, 일치를 위해 기도하세요. 여러분이 먼저 희생하여 일치를 구하셔야 합니다. 그리고 여러분이 섬기는 교회도 하나가 될 수 있도록 기도해주세요.

우리는 하나님의 방식을 완전히 이해하지 못할 수도 있습니다. 지역 교회에는 온갖 결점이 있지만, 그럼에도 그리스도께서 다시 오실 때까지 지상에 펼쳐진 그분의 선교 중심지입니다. 역사상 최초 교회인 예루살렘교회는 완전한 연합으로 시작되었습니다. 그들은 하나님의 말씀이 가르치는 바에 헌신했습니다. 그들은 함께 달콤한 교제를 즐겼습니다.

그들은 교회와 서로를 돌아보며 풍성하게 헌금했습니다. 그리고 함께 기도했습니다. 도움이 필요한 교인들에 대한 처우 문제로 이견이 생겼을 때, 지도자들은 교회를 모아 화합의 정신으로 문제를 해결했습니다(행 6:1-7).

결과는 어땠을까요? 외부에서 바라본 사람들은 단합된 교회를 보았습니다. 결과적으로 그들은 성령의 이끌림을 받아 교회에 모였고 곧 그리스도 안에서 구원을 얻었습니다. 초대교회 신자들은 "하나님을 찬미하며 또 온 백성에게 칭송을 받으니 주께서 구원받는 사람을 날마다 더하게"(행 2:47) 하셨습니다.

우리가 섬기는 교회에서도 그렇게 되기를 바랍니다.

토론 질문

1 "기도하는 전사"라는 용어에 성경적 진리가 풍성하게 담긴 이유를 설명
해보세요.

2 이번 주에 목회자를 위해 어떤 식으로 기도할 수 있는지 세 가지 방법을
생각해보세요.

3 교회 일치를 위해 기도해야 하는 이유는 무엇인가요?

CHAPTER 7
나는 그리스도인입니다

나는 그리스도인입니다 I am a Christian.

네 글자로 된 강력한 문장. 그리스도인이 된다는 것이 무엇을 의미하는지 이야기할 때, 저는 그리스도께서 저를 위해 하신 일부터 시작해야 합니다. 그 점은 분명합니다. 저는 받을 자격이 없는 선물을 받았습니다.

> 너희는 그 은혜에 의하여 믿음으로 말미암아 구원을 받았으니 이것은 너희에게서 난 것이 아니요 하나님의 선물이라 행위에서 난 것이 아니니 이는 누구든지 자랑하지 못하게 함이라. 에베소서 2:8-9

예수님이 나를 구원하셨기 때문에 나는 그리스도인입니다.

예수님이 나를 위해 십자가에서 돌아가셨기 때문에 나는 그리스도인입니다. 내가 그리스도인인 이유는 그분이 죽음에서 부활하여 나를 위해 죽음을 물리쳤기 때문입니다. "나는 그리스도인입니다"라고 말할 수 있다면 이 모든 진리가 여러분에게도 적용됩니다.

가끔 성경을 외울 때 에베소서 2장 9절로 끝나는 경우가 있습니다. 하지만 그 뒤로도 긴 구절이 있습니다. 바울은 우리를 대신하여 행하신 예수님의 사역 덕분에 우리가 그리스도인이라는 사실을 분명히 밝힌 후 계속해서 말합니다. "우리는 그가 만드신 바라 그리스도 예수 안에서 선한 일을 위하여 지으심을 받은 자니 이 일은 하나님이 전에 예비하사 우리로 그 가운데서 행하게 하려 하심이니라"(엡 2:10).

우리는 하나님께서 우리를 위해 계획하신 선한 일을 하기 위해 구원받았습니다. 우리는 그리스도인으로서 성장하고 하나님이 원하시는 일을 함으로써 그 은혜에 응답합니다. 하나님의 능력 안에서 우리는 위대한 일을 할 수 있습니다.

그리고 종종 간과되는 다른 요점이 있습니다. 우리는 믿음을 통해 은혜로 구원받고, 선한 일을 하도록 구원받은 것은 분명합니다. 그러나 여기에 더해 우리는 지역 교회 맥락 속에서 그 선한 일을 하도록 구원받았습니다. 그리스도인의 성장에서 지역 교회의 위치와 중요성이 종종 간과되곤 합니다. 에베소서에서 바울은 고립된 그리스도인 그룹에 편지를 쓰는 것이 아니라, 에베소라는 도시에 있는 지역 교회 같은 특정 모임에 편지를 쓰고 있습니다.

의심의 여지 없이, 바울은 신자들이 해야 할 '선한 일'은 에베소 지역 교회와 함께 그리고 교회를 통해 이루어질 것이라고 예상했습니다. 우리는 그 현실을 간과할 수 없습니다.

처치 앤써스 팀은 전 세계의 지역 교회 지도자들과 협력합니다. 우리는 어려움을 겪는 교회, 분열된 교회, 폐쇄 직전의 교회와 관련해 많은 이야기를 듣습니다. 결과적으로 이러한 교회를 섬기는 분들은 종종 상처받고 지치고 패배감을 느낍니다.

그러나 번성하는 다른 교회도 있습니다. 그 교회 교인들은 헌신적입니다. 그들은 자신이 속한 지역 교회 상황과 책임감을 주시하며 세상 앞에서 신앙을 실천해야 한다는 것을 잘 압니다. 그들은 "나는 그리스도인이며, 그리스도의 몸의 지체입니다"라고 열정적으로 선언합니다. 이 두 가지 "나는" 진술은 뗄 수 없이 연결되어 있습니다.

여러분의 삶에 대한 그분의 부르심이 구체적으로 무엇인지 알 수는 없지만, 그리스도인으로서 성장과 헌신적인 교회 회원으로서 성장은 비례할 것이라고 저는 성경에 기반하여 확신 있게 말할 수 있습니다. 지역 교회 상황에서 하나님은 우리 그리스도인들이 성장하고 봉사하며 전도하기를 의도하십니다. 여러분을 향한 하나님의 계획은 무엇인가요?

오늘날 지역 교회에서 신앙을 실천하는 것이 얼마나 놀라운 기쁨인지 알아야 합니다. 그리스도인의 삶에서 가장 위대한 세 가지 표현 역시 지역 교회에서 찾을 수 있습니다.

더 큰 믿음

예루살렘에서, 오순절에 구원받은 사람들은 빠르게 교회를 형성했습니다. 실제로 누가가 사도행전 2장 41-47절에서 전해준 이야기에 따르면 교회가 거의 즉시 형성된 것으로 묘사합니다. "그 말을 받은 사람들은 세례를 받으매 이날에 신도의 수가 삼천이나 더하더라"(행 2:41).

3,000명이 즉시 교회가 되었다는 사실은 매우 흥미롭습니다. 성령의 초자연적인 역사가 새 신자들을 신자 공동체로 이끌었습니다. 이러한 맥락에서 신자들은 그들의 믿음을 보여주었습니다. 그들은 담대하게 믿음을 드러냈습니다(행 4:29, 31). 기적적인 표적과 기사를 목격하면서 그들은 믿음을 보였습니다(행 4:30). 그들은 자기 소유를 기꺼이 헌금하면서 믿음을 보였습니다(행 4:32). 그리고 다른 사람에게 복음과 부활의 능력을 전하면서 담대한 믿음을 보였습니다(행 4:33).

하나님의 백성이 믿음으로 하나 될 때 강력한 일이 일어납니다. 2000년 전에도 그랬고, 오늘날에도 여전히 일어납니다.

그리스도인이 그리스도에 대한 헌신을 새롭게 할 때 흥미로운 일이 일어납니다. 필연적으로 그들은 지역 교회에 대한 헌신을 새롭게 합니다. 헌신적인 그리스도인은 헌신적인 교회 회원이기도 하다는 사실을 잘 압니다. 그리스도에 대한 믿음이 신자 공동체 안에서도 실천되는 믿음임을 보여줍니다.

나는 그리스도인입니다

더 큰 희망

"모든 사람에게 예수님의 소망이 필요하므로 우리는 여기 존재합니다." 제가 섬기는 교회의 비전 선언문입니다. 간단하지만 강력한 문구입니다.

저는 앞에서 지역 교회와 연결될 때까지 그리스도 안에서 성장하는 삶이 시작되지 않았다고 회상했습니다. 아내가 첫째 아이를 임신한 후 그녀의 부드러운 권유와 함께 교회 출석을 위해 이사를 결정했습니다.

또한, 남성 성경 공부의 첫 번째 사역 프로젝트가 저에게 얼마나 큰 영향을 주었는지도 기억합니다. 크리스마스를 믿을 수 없을 정도로 즐거운 행사로 준비했을 때 그 어머니의 표정을 잊을 수 없습니다. 저는 희망을 보았습니다!

지역 교회와 연결되었을 때 제 신앙생활에 대해 다른 점을 발견했습니다. 저는 희망을 전하는 더 큰 그룹의 일원이 되었고, 그 희망을 받아들이는 사람이 되었습니다. 지역 교회에 헌신하고 나서야 기독교적 희망이 무엇인지 완전히 이해하게 되었습니다.

진정한 희망은 확실히 그리스도로부터 시작됩니다.

그러나 또한 희망은 우리가 정기적으로 소통하는 신자 공동체를 통해서도 나옵니다.

여기저기서 반대되는 이야기도 많이 들립니다. "교회는 위선자로 가득해요. 교회 사람들은 말을 잘 듣지 않아요. 이 교회에서는 예배에 집중할 수가 없습니다. 돈이 엉뚱한 곳에 쓰입니다."

이해합니다. 어느 정도 타당성이 있습니다. 그러나 어떤 반대도 지역 교회 사역을 통해 그리스도인으로서 성장하는 삶을 방해할 정도가 되어선 안 됩니다.

간음하다 붙잡혀 바리새인들이 예수님께 데려온 요한복음 8장 1-11절에 나오는 여인 이야기는 여러분도 잘 알고 계실 겁니다. 한편으로는 예수님이 그 여인과 대화하고 용서하며 더 이상 죄를 짓지 말라고 말씀하시는 모습에 가슴이 뭉클합니다. 은혜를 온전히 보여주는 장면입니다.

하지만 율법에 따라 돌을 들어 이 여인을 칠 준비가 되어 있는 바리새인들에게도 마음이 끌립니다. 다른 죄인을 보면서 그들을 심판하고 싶었던 적이 몇 번이나 있었나요? 교인들의 행동이나 말 때문에 좌절하거나 화를 낸 적이 여러 번 있지 않았는지요? 그 순간마다 나도 바리새인이었습니다. 제 손에 어김없이 돌이 들려 있었으니까요.

하지만 저는 다시 예수님께로 이끌립니다. 그분의 사랑을 봅니다. 그분의 동정심이 보입니다. 그분의 희망을 봅니다. 아직 그리스도인이 아닌 사람들을 위한 희망의 통로가 되기로 다짐하게 합니다. 교회를 향한 하나님의 계획에는 성도들이 서로에게 희망과 용기를 주는 것이 포함됩니다. 이것이 실현되면 놀라운 일이 일어납니다.

더 큰 사랑

고린도전서 13장에서 '사랑'을 뜻하는 헬라어 단어는 13절에 걸쳐 8번이나 반복되는 '아가페'입니다. 이 단어는 복음서에서 하나님의 사랑을 묘사하는 데 사용된 단어와 동일합니다(눅 11:42; 요 5:42; 요 15:9-10, 13).

고린도교회에서 심각한 갈등을 겪고 있는 그들에게도 '아가페'가 강조됩니다. 바울은 고린도전서를 쓰면서 우리가 다른 사람을 사랑해야 한다고 강조합니다.

인내심 있는 사랑, 친절한 사랑, 질투하지 않는 사랑, 자랑하지 않는 사랑, 교만하지 않은 사랑, 무례하지 않은 사랑, 자기 방식을 요구하지 않는 사랑, 짜증 내지 않는 사랑, 잘못을 기록하지 않는 사랑, 진리가 승리할 때 기뻐하는 사랑, 결코 포기하지 않는 사랑, 믿음을 잃지 않는 사랑, 항상 희망이 있는 사랑, 어떤 상황에서도 인내하는 사랑.

이것이 바로 우리가 서로에게 보여야 할 사랑입니다. 이것이 바로 우리가 지역 교회에 속한 사람들을 위해 보여야 할 사랑의 유형입니다. "그런즉 믿음, 소망, 사랑, 이 세 가지는 항상 있을 것인데 그 중의 제일은 사랑"(고전 13:13)입니다.

그것이 조건 없는 사랑, 아가페 사랑입니다. 그리스도인이 되었다 함은 이런 아가페 사랑을 실천하는 사람이 되었다는 의미입니다.

나는 그리스도인이고 혼자가 아닙니다

지금까지 살펴본 바와 같이 그리스도인이 된다는 것은 성경 진리를 믿는다는 것을 의미합니다. 물론 그리스도께서 우리에게 주신 진리를 받아들이지 않으면 그리스도를 따르는 사람이라고 할 수 없습니다.

저는 제자입니다.

그리스도인이 된다는 것은 또한 우리 행동에서부터 그리스도를 따르는 것을 의미합니다. "예수님이라면 어떻게 하셨을까?"라는 질문을 던지고 그에 따라 행동하는 것입니다. 행동하는 믿음이 없다면 스스로 그리스도의 제자라고 생각할 수 없습니다.

저는 종입니다.

그리스도인이 된다는 것은 예수님이 보이신 종의 자세를 본받는 것을 의미합니다. 결국, 예수님은 자신이 섬김을 받으러 온 것이 아니라 섬기러 왔다고 하셨습니다(막 10:45). 다른 사람을 기꺼이 섬기지 않는다면 스스로 그리스도의 제자라고 할 수 없습니다.

저는 증인입니다.

그리스도인이 된다는 것은 예수께서 이 땅을 떠나실 때 말씀하신 모든 민족을 제자로 삼으라는 계명에 순종하는 것을 의미합니다. 내가 본 것을 증거하고 다른 사람에게 복음을 전하지 않는다면 나는 스스로 그리스도의 제자라고 할 수 없습니다.

저는 기도하는 전사입니다.

우리는 예수님께서 어떻게 기도하셨는지, 어떻게 기도하며 고뇌하셨는지, 제자들에게 어떻게 기도할 것을 간청하셨는지 기억합니다. 예수님은 우리가 "주기도문"이라고 부르는 구절(마 6:9-13)에서 기도하는 방법까지 가르쳐주셨습니다. 기도하는 사람이 아니라면 그리스도를 따르는 사람이라고 할 수 없습니다.

"나는 그리스도의 몸의 지체입니다"라는 제목으로 2장이 신앙과 제자도에 관한 장 사이에 들어가 있는 것을 눈치챘을 것입니다. 저는 의도적으로 그렇게 했습니다. 그리스도에 대한 믿음과 순종은 지역 교회 공동체 안에서 실천되어야 한다는 것을 떠올리게 합니다.

오늘날 많은 그리스도인이 이 성경적 진리를 놓치는 것 같습니다. 그들은 교회 등록, 출석, 섬김을 선택 사항으로 여기거나, 더 심하게는 율법주의라고 생각합니다. 사복음서 이후의 신약성경 대부분이 지역 교회를 대상으로 기록되었다는 사실을 간과하는 것 같습니다.

"나는 그리스도인입니다"라고 말하는 것이 의미하는 바를 온전히 받아들일 때입니다. 아직 그러지 않았다면 지역 교회에서 "위선자들과 죄인들" 사이에서 자신의 자리를 잡고 서로 사랑하기를 시작할 때입니다. 섬김을 받으려만 하지 말고 섬겨야 할 때입니다. 지역 교회라는 공동체 안에서 성장하고, 기도하고, 전도하고, 서로의 짐을 짊어져야 할 때입니다.

그리스도인이 되는 것은 부담이나 율법적인 의무가 아닙니다.

나를 위해 목숨을 바치신 주님과 구세주를 섬기는 것은 말로 표현할 수 없는 기쁨입니다. 진정한 자유입니다. 그것은 이 땅에서 당신의 목적을 성취하는 것입니다.

그리스도인으로서 우리는 지역 교회에서 봉사하면서 그 기쁨을 실천하고 표현합니다.

저는 그리스도인이고 교회에 다니고 있습니다. 그리고 이 두 가지 불가분의 사실이 저에게 주신 하나님의 선물이라는 것에 감사합니다.

여러분도 그렇게 되길 바랍니다.

토론 질문

1 많은 그리스도인이 지역 교회에 대한 헌신을 줄이게 된 이유는 무엇일까요?

2 전 세계의 많은 그리스도인이 교회와 연결되기 위해 기꺼이 죽음을 택하는 이유는 무엇일까요?

3 지역 교회 맥락에서 기독교 신앙을 강력하게 실천했던 시기를 떠올려보고 나눠봅시다.

감사의 글

테네시주 프랭클린에서 가졌던 비즈니스 미팅이 제 인생에서 중요한 사건 중 하나가 될 줄은 몰랐어요. 틴데일하우스 출판사의 론 비어스와 존 파라가 책 집필 이야기를 나누러 왔을 때, 저는 단순한 만남 정도로 생각했지만, 그 이상이었죠. 그것은 비즈니스 관계뿐만 아니라 특별한 우정의 시작이었습니다.

저는 곧 잰 롱 해리스도 만났고, 이 세 명의 틴데일 리더는 평생 간직할 소중한 친구가 되었습니다.

의심할 여지 없이 틴데일 팀 전체는 제게 축복이었습니다. 론과 존, 잰과 첫 인연을 맺었지만, 지금은 더 많은 사람이 함께하고 있습니다.

얼라이브 리터러리의 브라이언 노먼에게도 감사합니다. 서른

권이 넘는 책을 썼지만 에이전트는 당신이 처음입니다. 노먼은 자신의 가치, 품격, 통찰력을 몇 번이고 증명해 보였습니다. 저는 당신에게 커다란 축복을 받았습니다.

처치 앤써스Church Answers 팀에는 가족 구성원도 여럿 있지만, 레이너 이름이 아닌 사람들도 저에게는 가족이나 마찬가지입니다. 여러분과 함께 일하는 것이 너무 좋습니다. 교회와 교회 지도자들을 향한 여러분의 기쁨, 웃음, 열정을 사랑합니다. 다른 누구와 일하는 것은 도저히 상상할 수 없습니다.

가족은 언제나 저의 사랑의 대상입니다. 아내 넬리 조, 아들 샘, 아트, 제스를 사랑합니다. 며느리 에린, 사라, 레이첼도 사랑합니다. 그리고 11명의 손자 손녀들도 사랑합니다. 저를 조금이라도 안다면 가족이 제게 얼마나 큰 의미인지도 아실 겁니다. 제게 의미 있는 세상은 먼저는 그리스도이고, 그다음은 가족입니다.

이 책은 제 사역에 관한 한 가장 큰 열정을 담고 있습니다. 논지는 간단합니다. 우리는 자기가 왜 그리스도인인지, 왜 지역 교회 맥락에서 신앙을 실천해야 하는지 알아야 합니다.

요즘 교회와 교회 지도자들은 종종 나쁜 평을 받습니다. 하지만 예루살렘에 처음 등장한 지역 교회부터 오늘날 전 세계 수백만 개의 교회에 이르기까지, 하나님은 여전히 지역 교회에서 일하고 계십니다. 그리스도인으로서 걸어갈 때, 우리는 신앙 성장과 효과성을 위해 지역 교회의 중요성을 기억해야 합니다.

이 책은 새신자 모임이나 새가족 모임에서, 소그룹에서, 또는 혼자서 읽을 수도 있습니다.

첫째, 흔하긴 하지만 호기심을 불러일으키는 제목을 단 이 책을 골라 읽기로 한 독자들에게 감사합니다.

둘째, 하나님께서 이 책을 사용하셔서 여러분이 그리스도를 따른다는 것이 무엇을 의미하는지 더 온전히 이해할 수 있도록 도와주시기를 기도합니다. 저는 여러분이 지역 교회의 공동체와 상황 속에서 어떻게 신앙생활을 하도록 하나님께서 의도하셨는지 분명히 보고 받아들이기를 기도하고 있습니다.

이 책의 제목 "나는 그리스도인입니다"는 깊은 의미를 담고 있는 강력한 문구입니다.

여러분에게도 동일한 선언이 되길 바랍니다.

톰 레이너

국제제자훈련원은 건강한 교회를 꿈꾸는 목회의 동반자로서 제자 삼는 사역을 중심으로
성경적 목회 모델을 제시함으로 세계 교회를 섬기는 전문 사역 기관입니다.

나는 그리스도인입니다

1판 1쇄 인쇄 2023년 5월 12일
1판 1쇄 발행 2023년 5월 19일

지은이 톰 레이너
옮긴이 김애정

펴낸이 오정현
펴낸곳 국제제자훈련원
등록번호 제2013-000170호(2013년 9월 25일)
주소 서울시 서초구 효령로68길 98(서초동)
전화 02)3489-4300　**팩스** 02)3489-4329
이메일 dmipress@sarang.org

ISBN 987-89-5731-868-3